Comptabilité 1

Les procédures comptables et les comptes annuels

DE BOECK - ENTREPRISE

Collection dirigée par Paul VAN VRACEM,
Professeur à l'I.C.H.E.C. et à la F.U.C.A.M.,
Directeur du C.I.F.E.M. et du C.E.R.G.E.C.O.

— Joseph ANTOINE, Claude BROQUET, Marie-Claire HUART-CAPIAU,
Titres et Bourse - 2 volumes, avec la collaboration de
Henri CARPENTIER, Rose-Marie DEHAN-MAROYE, Paolo FANTUZZI et Henri OLIVIER.

— Claude BROQUET et André VAN DEN BERG,
Gestion de portefeuille.

— Jean-Paul CALLUT,
English for managers, manuel de l'anglais des affaires.

— Julio FERNANDEZ,
Réussir une activité de formation.

— Daniel JUSTENS,
Introduction à la mathématique financière - 2e édition.

— Daniel JUSTENS,
Statistique pour décideurs - 2e édition.

— Philippe KNEIPE,
Gestion de la trésorerie de l'entreprise - 2e édition.

— Paul LURKIN, Nadine DESCENDRE et Danièle LIEVENS.
Les états financiers, analyse et interprétation.

— Pascaline OURY,
Rédiger pour être lu, les secrets de la communication écrite efficace.

— Michael THOMAS,
M comme Marketing, Guide usuel du marketing.

— Agnès VAN DAELE et Véronique DE KEYSER (éds),
L'ergonomie de conception.

— Paul VAN VRACEM et Brigitte BOUTON,
Les fondements du marketing - 3e édition.

— Paul VAN VRACEM et Martine GAUTHY-SINÉCHAL,
Études de marchés et sondages d'opinion - Outil fondamental du marketing - 2e édition.

— Fabienne VAN WOLPUT-GUERRA et Eddie DE HAAN,
Comptabilité - 3 volumes

Volume 1 : *Les procédures comptables et les comptes annuels* - 2e édition.
Volume 2 : *Les règles d'évaluation et PCMN* - 2e édition.
Volume 3 : *Le diagnostic financier* avec la participation de Guy SAMZUN - 2e édition.

— Claude WANTIEZ,
Introduction au droit social - 2e édition.

En préparation

— Daniel JUSTENS,
Décider face au hasard : une présentation stochastique de la gestion financière.

Comptabilité 1

Les procédures comptables et les comptes annuels

Fabienne Van Wolput-Guerra
Eddie De Haan

DEUXIÈME ÉDITION

ENTREPRISE

De Boeck Université

Diffusion
Canada : ÉDITIONS DU RENOUVEAU PÉDAGOGIQUE
8925, boulevard St-Laurent, H2N 1M5 Montréal
France : EDITIONS UNIVERSITAIRES
77, rue de Vaugirard, F-75006 Paris
Suisse : GM DIFFUSION
27, chemin du Grand-Mont, CH-1052 Le Mont-sur-Lausanne
Zaïre : AFRIQUE-EDITIONS
606, avenue Colonel Ebeya, B.P. 9986, Kinshasa Gombe

Printed in Belgium

D 1990/0074/197 ISBN 2-8041-0954-2

SOMMAIRE

INTRODUCTION

Lorsque la direction d'une entreprise est amenée à prendre une décision tant de gestion courante que de politique ou de stratégie, il est nécessaire qu'elle puisse disposer de l'information nécessaire au processus décisionnel et de celle qui lui permettra par la suite de mesurer les conséquences de son choix.

Cette information devra être entière, fiable et disponible au moment où le besoin s'en fait sentir.

Elle sera aussi fort diversifiée car elle devra répondre aux exigences de toutes les fonctions de l'entreprise qui doit analyser le passé, connaître le présent et prévoir, dans la mesure du possible, le futur. Cette information constitue également la base objective du dialogue dans l'entreprise et le support de communication de celle-ci avec son environnement.

L'entreprise a donc un besoin permanent d'information et le système qui l'élabore peut être appelé COMPTABILITE ou SYSTEME COMPTABLE.

1 DEFINITION

> La comptabilité est un outil statistique qui a pour objectif de fournir des informations structurées à des utilisateurs internes et externes qui doivent pouvoir en tirer des éléments significatifs en vue de prendre des décisions judicieuses et exercer un contrôle efficace.

1.1 Un outil statistique qui a pour objet de *collecter* et *classer* toutes les informations concernant l'activité de l'entreprise et ayant une incidence financière en vue de les *présenter* sous la forme d'une information structurée appelée «COMPTES ANNUELS» (utilisation externe) et «ETATS COMPTABLES» (utilisation interne).

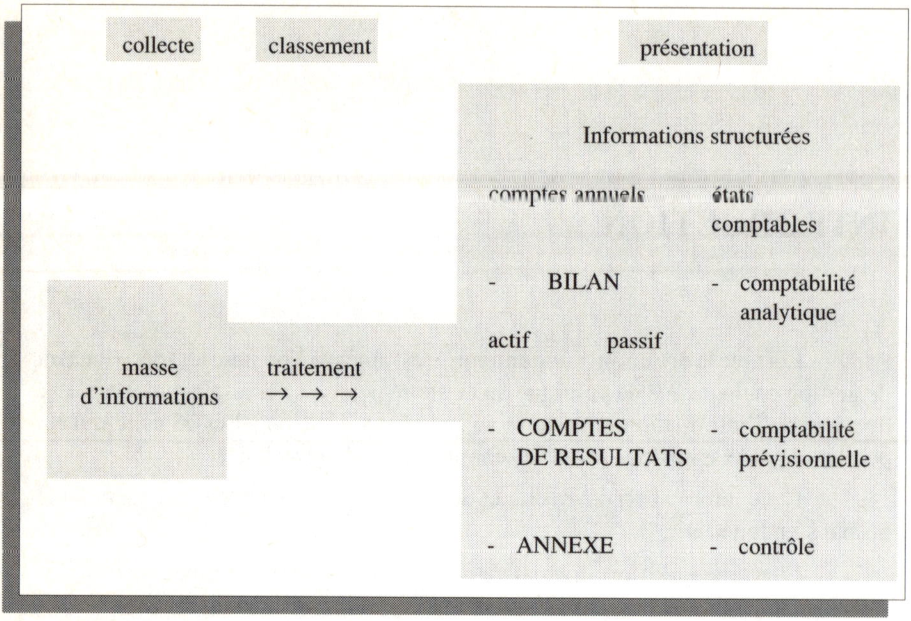

1.2 Les utilisateurs des comptes annuels et des états comptables sont très nombreux. On distingue essentiellement les utilisateurs INTERNES et les utilisateurs EXTERNES.

1.2.1 Les utilisateurs internes :

◊ se situent à tous les échelons de la hiérarchie de l'entreprise

◊ ont des besoins d'informations spécifiques en fonction de leurs préoccupations propres qui peuvent être très diversifiées :
- analyse des ventes, de la production, des charges
- connaissance des prix de revient et analyse de la rentabilité de l'entreprise
- établissement de prévisions
- politique de financement ...

Plus précisément, la comptabilité doit fournir :

1. aux dirigeants, les données qui leur permettront de contrôler et planifier les opérations courantes de l'entreprise, tout en améliorant son efficacité (gestion de stocks, gestion de trésorerie, gestion de créances commerciales, etc.)
2. à la haute direction, les informations nécessaires pour les décisions à long terme (investissements, politique commerciale, stratégie financière, etc.)
3. au personnel et au conseil d'entreprise les informations relatives à la structure et à l'évolution financières de l'entreprise

1.2.2 Les utilisateurs externes disposeront des comptes annuels et du rapport de gestion pour s'informer de la situation financière de l'entreprise. Parmi eux, on peut distinguer:

◊ les actionnaires actuels et futurs
 – particuliers
 – sociétés
 – fonds communs de placement

◊ les organismes de crédit tels que les banques et les sociétés de crédit d'investissement (S.N.C.I.)

◊ les organismes de contrôle économique

◊ le ministère des finances (impôts directs et indirects, T.V.A.)

1.2.3 Objectifs des utilisateurs

Utilisateurs	Objectifs		
	analyse du passé	Prévisions	
		court terme	long terme
INTERNES			
tous les niveaux hiérarchiques	x	x	x
conseil d'entreprise	x	x	x
EXTERNES			
actionnaires - investisseurs	x	x	x
banquiers - organismes de crédit	x	x	x
analystes financiers	x	x	x
organismes de contrôle économique			
◊ banques	x	x	x
◊ assurances	x		
◊ émissions publiques	x		
administration des finances			
◊ impôts	x		
◊ T.V.A.	x		
autres commerçants (preuve)	x		

1.3 Eléments Significatifs et décisions

Les utilisateurs internes établiront chacun à leur niveau un *tableau de bord* qui présentera les éléments significatifs dont ils ont besoin

Les utilisateurs externes feront appel, quand à eux, à l'*analyse financière* des comptes annuels pour retirer de ceux-ci les informations nécessaires.

en vue de la prise de

DECISIONS

– de gestion
– de politique
– de stratégie

– d'investissement
– d'octroi de crédit
– de désinvestissement
– etc.

Exemples

L'entreprise peut-elle
- investir ?
- augmenter son chiffre d'affaires ?
- améliorer sa rentabilité ?

L'entreprise est-elle bien gérée ?

Faut-il acheter ou vendre des actions de la société ?
Faut-il diminuer ou augmenter les crédits accordés à l'entreprise ?

Il est important que les utilisateurs, tant internes qu'externes, reçoivent une information fiable et comparable d'une année à l'autre car, tous, ils doivent pouvoir prendre des décisions pertinentes et exercer un contrôle adéquat.

Ces deux fonctions seront réalisées par un traitement judicieux des informations fournies tout en y intégrant des renseignements extérieurs complémentaires (marché, conjoncture, autres entreprises, ...)

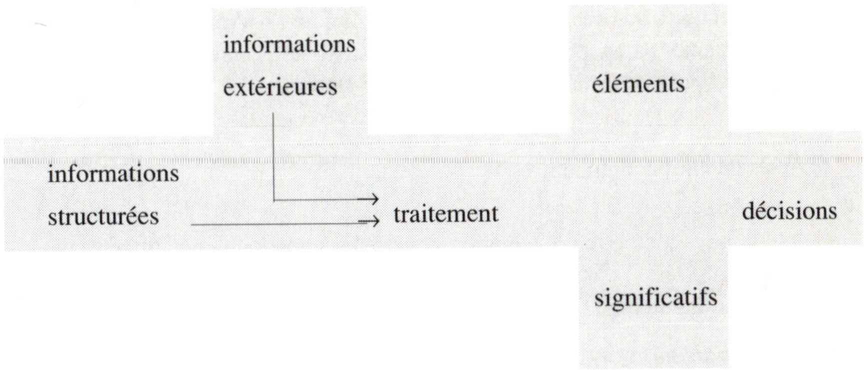

1.4 Contrôle

L'utilisateur interne devra en plus exercer un contrôle du système et de la régularité des opérations traitées.

Il s'assurera du bon fonctionnement de l'outil mis en place, du respect des contraintes légales et des règles établies dans l'entreprise par l'organe décisionnel.

Il s'agit là d'une fonction essentielle du «contrôle interne» de l'entreprise.

1.5 Choix comptables

Pour assurer le fonctionnement du système et créer l'information, l'entreprise devra faire des choix quant à la méthode comptable utilisée. Pour que la comptabilité devienne un véritable outil de gestion, il faut que le dirigeant sache ce qu'il peut demander à ce service.

Tous les résultats n'ont pas le même intérêt ni la même signification selon l'activité de l'entreprise. Le dirigeant doit être à même de choisir parmi les procédures comptables celle correspondant le mieux à son activité. Le système comptable d'une entreprise draîne tous les renseignements concernant sa situation financière et son exploitation, et de ce même système émanent de nombreux états et analyses destinés à une diffusion aussi bien interne qu'externe. Sans nul doute, si quelqu'un veut utiliser ces états avec intelligence et efficacité, il faut qu'il soit capable de les comprendre. La bonne compréhension des états comptables doit se fonder sur la compréhension de la pratique comptable courante et de la théorie qui est à la base de cette pratique.

En effet, les choix comptables effectués par l'entreprise en matière de règles d'évaluation notamment vont influencer l'information transmise aux différents utilisateurs. Cette information aura elle-même une incidence sur les éléments significatifs mis en évidence et par là même une incidence sur la décision à prendre.

Il est donc essentiel que les utilisateurs aient une bonne compréhension de la pratique et de la théorie comptables afin d'employer les renseignements fournis aussi efficacement que possible et d'éviter ainsi de commettre des erreurs de jugement coûteuses dues à des erreurs d'interprétation.

Exemples de choix comptables pour :

- *les stocks :*
  le choix de la méthode d'évaluation des stocks à une incidence directe sur
  - le résultat
  - la valeur des stocks.
- *les immobilisations :*
  - quant à la valeur : faut-il incorporer les charges auxiliaires ?
  - quant à la méthode d'amortissement utilisée :
    - faut-il utiliser une méthode linéaire ou une autre ?
    - faut-il amortir en 10 ans ou en 5 ans ?
- *les plus-values :*
  faut-il les prendre en compte dans le calcul des résultats ou faut-il les intégrer aux capitaux propres ?
- *les provisions :*
  faut-il constituer ou non des provisions pour dépréciations d'éléments d'actif et des provisions pour risques et charges ?
- *les comptes de régularisation :*
  comment faut-il répartir des charges ou des produits qui s'étalent sur deux exercices comptables ?

2 PRINCIPES GENERAUX

Dans le choix de sa méthode comptable, l'entreprise doit respecter certains principes de base :

2.1 Principe de l'entité comptable :

La comptabilité est un processus qui consiste à collecter, classer, présenter et interpréter l'information.

Pour qu'un état comptable ait un sens, il doit porter sur un ensemble bien défini d'activités. Le plus souvent, il s'agira d'une société mais ce pourrait être tout aussi bien une administration publique, une entreprise individuelle ou une association. Généralement, l'entité comptable coïncidera avec une entité juridique bien définie.

Mais il peut aussi être intéressant d'avoir une vue d'ensemble d'un groupe de sociétés ayant décidé d'unir leurs efforts. Les bilans individuels ne pouvant mettre en valeur le résultat de cette entité économique, il faudra dresser le bilan consolidé. Celui-ci a pour objet d'intégrer la situation financière de sociétés qui exercent leurs activités sous un contrôle financier ou décisionnel commun. Les faits que ce bilan consolidé et les comptes de résultats consolidés sont appelés à refléter, se rapportent dans ce cas à une entité économique et non plus à une entité juridique.

2.2 Principe de continuité et de périodicité :

Il est clair que le comptable formule l'hypothèse que l'entité comptable existera au moins assez longtemps pour permettre la réalisation des projets et des activités en cours. Ce principe de continuité est à la base même de l'état comptable type.

Le principe de périodicité implique, quant à lui, que les états comptables doivent être établis à intervalles réguliers tout au long de la vie de l'entité. Des états périodiques sont exigés pour deux motifs principaux : déterminer les résultats de la gestion passée de l'entreprise et prévoir les résultats des opérations futures à partir des résultats passés.

Les comptes annuels couvriront une période définie de 12 mois, et présenteront la situation financière de l'entreprise à une date donnée qui clôture la période déterminée. Cette période s'appelle exercice comptable.

2.3 Principe de la stabilité de l'unité monétaire :

La plupart des rapports financiers se fondent sur l'hypothèse que l'unité monétaire est une unité de mesure stable qui permet de fusionner, de comparer et de présenter les résultats des activités au fil du temps. Il s'en suit que l'entreprise comptabilise en unités monétaires des biens et des services, sans considérer le pouvoir d'achat de ces unités.

La tendance inflationniste de notre économie qui s'est accélérée depuis la fin de la Seconde Guerre Mondiale a amené de nombreux économistes à contester la validité du postulat de la stabilité monétaire. Ceux-ci font remarquer que les changements survenus dans le pouvoir d'achat de la monnaie entraînent la comptabilisation d'éléments bilantaires avec une unité monétaire qui n'a pas une valeur constante dans le temps. Se pose alors le problème des comptes annuels en période d'inflation et de la mise en place de règles d'évaluation particulières telles que «la valeur de remplacement», notion importante introduite par l'A.R. du 8 octobre 1976.

Cette matière est abordée dans la littérature sous le vocable de «comptabilité d'inflation».

2.4 Principe de prudence :

Selon le principe de prudence, entre deux possibilités, le comptable doit choisir celle qui présente la situation financière ou les résultats d'exploitation de l'entreprise sous l'aspect le moins favorable. Ce principe s'applique aux décisions concernant les différentes possibilités d'évaluation, de classement, etc.. aussi bien que le moment choisi pour la prise en compte des produits et des charges. C'est en vertu de ce principe que seuls des profits acquis seront comptabilisés alors que les pertes probables seront prises en charge. Le principe de prudence sera toujours dominant dans l'élaboration des règles d'évaluation de l'entreprise.

2.5 Principe de la permanence des méthodes :

Cette règle implique que les mêmes procédures et les mêmes règles d'évaluation soient utilisées d'un exercice à l'autre afin de rendre comparables les comptes annuels successifs.

Cependant, si en vertu du principe de prudence, un changement des règles d'évaluation s'impose à l'entreprise, elle pourra rompre la règle de la permanence des méthodes en informant expressément les utilisateurs au moyen d'une annexe spéciale aux comptes annuels.

2.6 Principe de la sincérité :

Un état comptable n'est acceptable que dans la mesure où il révèle tous les faits indispensables pour ne pas induire en erreur. L'application de ce principe exige que les états financiers soient complétés d'annexes qui expliquent ou révèlent une information qui n'est pas immédiatement accessible dans le corps du document. (L'arrêté royal du 8 octobre 1976 précise d'ailleurs que les comptes annuels sont constitués du bilan, des comptes de résultats et des annexes et que ces documents forment un tout).

2.7 Principe de fidélité :

Le principe de l'image fidèle signifie que la personne qui prend connaissance des états financiers d'une entité doit pouvoir se fier à la description donnée de ses valeurs actives et passives, de ses charges et produits ainsi que de ses droits et engagements.

Le principe de l'image fidèle implique que :

— tous les principes déjà évoqués aient été respectés ;
— la publication annuelle des comptes procure aux utilisateurs une information adéquate, reflétant la réalité de l'entreprise ;
— toute règle inappropriée à la situation de l'entreprise soit rejetée;
— toute information complémentaire indispensable doit être ajoutée à l'annexe.

Si le principe d'image fidèle est respecté, les utilisateurs des comptes annuels trouveront dans ceux-ci une information pertinente sur laquelle ils pourront fonder les décisions qu'ils doivent prendre, l'objectif de la comptabilité sera donc atteint.

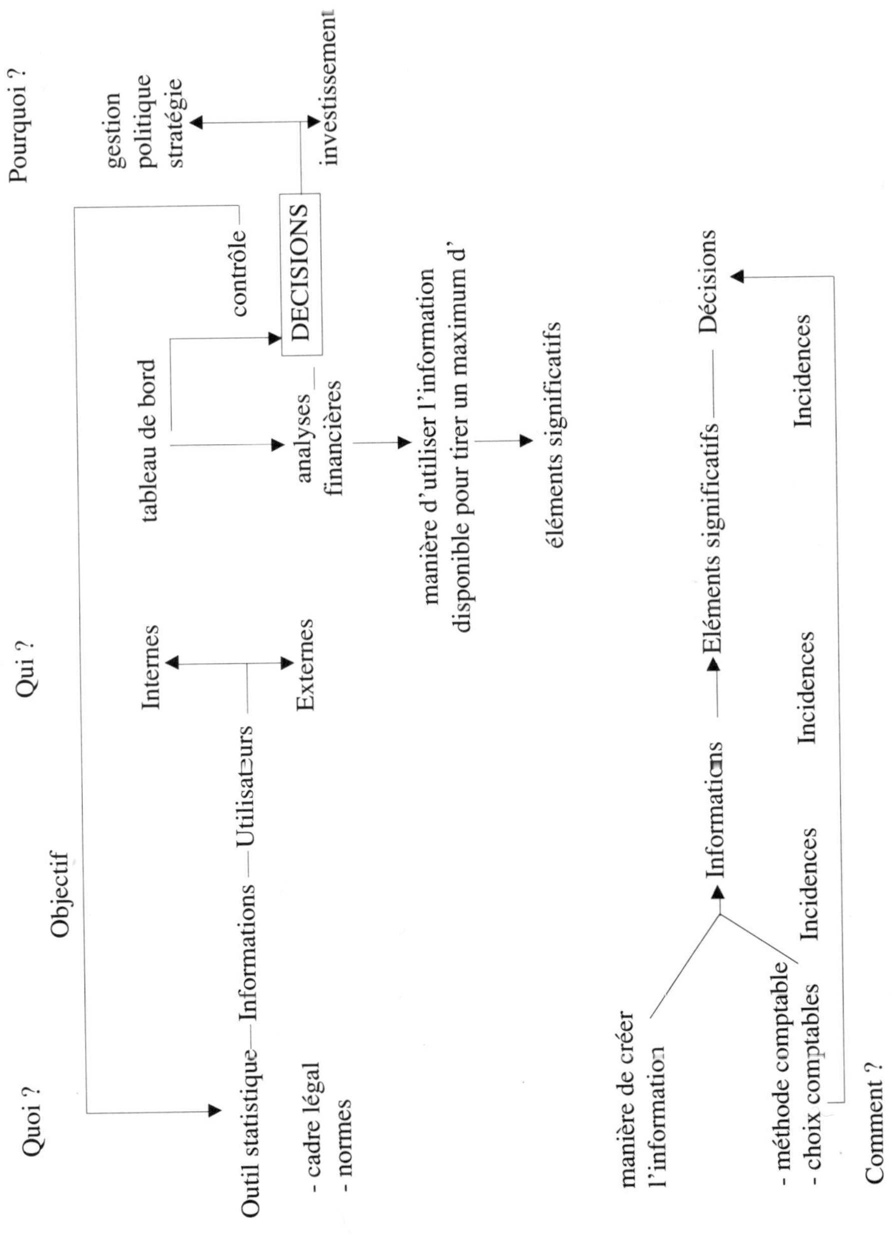

3 REPRESENTATION SCHEMATIQUE DE LA COMPTABILITE

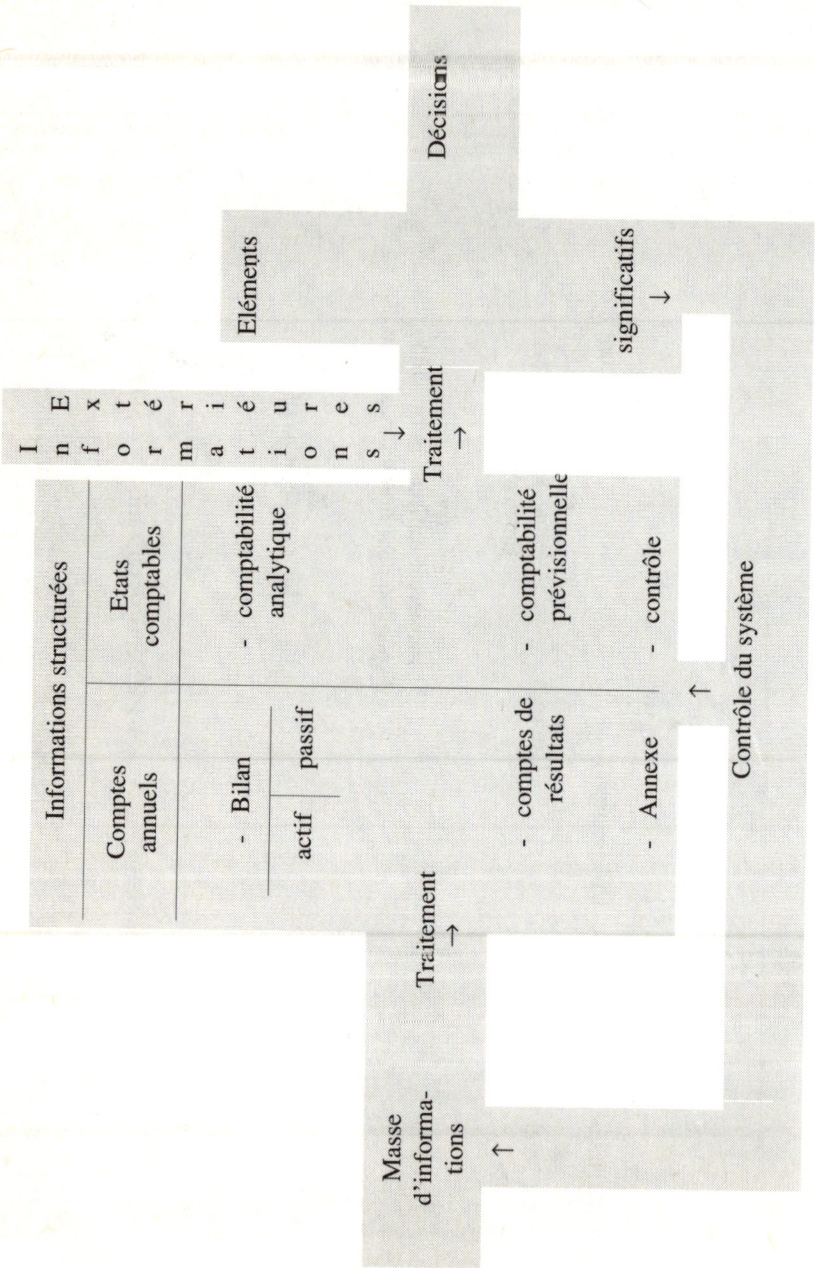

4 SYSTEME D'INFORMATION

Un élargissement du concept comptable conduit rapidement à la notion de système d'information.

La comptabilité devient de cette manière le centre d'information de l'entreprise qui distribue des renseignements aux différentes fonctions de l'entreprise (commerciale — technique — administrative - financière) qui sont en interaction permanente.

Ces centres de décisions reçoivent aussi des renseignements de l'environnement qui complètent leur information.

Sur cette base complexe, les décisions peuvent être prises.

Il faut aussi ajouter que l'entreprise envoie de l'information dans son environnement ; ne serait-ce qu'en assurant la publicité légale de ses comptes annuels.

Cette conception moderne de la comptabilité est illustrée dans le schéma suivant :

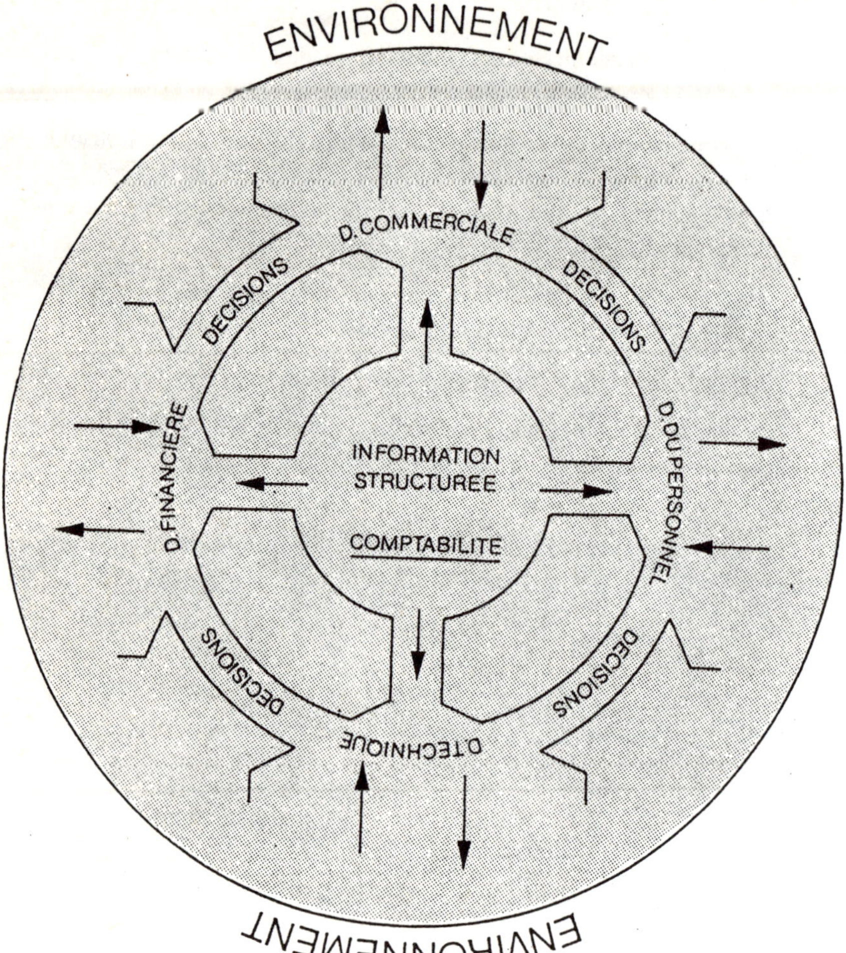
ENVIRONNEMENT
D.COMMERCIALE
DECISIONS
DECISIONS
D.FINANCIERE
INFORMATION
STRUCTUREE
COMPTABILITE
D.DU PERSONNEL
DECISIONS
DECISIONS
D.TECHNIQUE
ENVIRONNEMENT

5 CADRE LEGAL

Depuis le 17 juillet 1975, toute entreprise doit tenir une comptabilité appropriée à la nature et à l'étendue de ses activités en se conformant aux dispositions de la loi relative à la comptabilité et aux comptes annuels des entreprises ainsi qu'à ses Arrêtés Royaux d'application dont les principaux sont :

— A.R. du 8 octobre 1976 relatif aux comptes annuels des entreprises
— A.R. du 7 mars 1978 déterminant la teneur de la présentation d'un plan comptable minimum normalisé.
— A.R. du 12 septembre 1983
— A.R. du 6 novembre 1987
— A.R. du 6 mars 1990

La notion essentielle de cette exigence légale est celle d'APPROPRIATION DE LA COMPTABILITE.

Dans l'exposé des motifs de la loi, il est dit :

«En introduisant l'idée d'appropriation, celle-ci s'attache spécialement au plan des comptes à mettre en oeuvre. Le Gouvernement a entendu consacrer le principe qu'au delà des exigences résultant du plan comptable normalisé et des adaptations qu'il pourrait recevoir, notamment par branches d'activités pour tenir compte des particularités sectorielles, la comptabilité d'une entreprise doit répondre étroitement aux besoins de gestion, d'information et de contrôle tant interne qu'externe propres à celle-ci. La loi ne peut par elle-même en fixer les contours concrets. Mais il importe, à l'instar de diverses législations étrangères en la matière, de consacrer par la loi cette exigence première d'une bonne organisation comptable. Cette exigence implique que l'organisation de la comptabilité et de l'articulation des comptes soient telles qu'elles permettent de répondre en toute sécurité aux divers besoins d'information de l'entreprise elle-même ainsi que des tiers auxquels des comptes doivent être rendus ou auxquels des renseignements doivent être fournis».

On peut considérer que la comptabilité telle que définie dans cette introduction répond parfaitement à l'exigence d'appropriation.

Enfin, il faut remarquer que les textes légaux font expréssement référence aux principes fondamentaux de la comptabilité en explicitant les notions de :

— clarté
— sincérité et exactitude
— uniformité
— continuité
— prudence
— bonne foi.

6 EVOLUTION DU DROIT COMPTABLE

Pour répondre aux exigences des directives des Communautés Européennes, différentes modifications du droit comptable sont intervenues au cours des dernières années. Elles ont essentiellement fait l'objet des textes suivants :

— loi du 1er juillet 1983 modifiant la loi du 17 juillet 1975 relative à la comptabilité et aux comptes annuels des entreprises ;
— A.R. du 12.9.1983 portant exécution de la loi du 17 juillet 1975 remplaçant l'A.R. du 23 décembre 1975 qui avait le même objet (Moniteur 28 septembre);
— A.R. du 12.9.1983 modifiant l'A.R. du 8 octobre 1976 relatif aux comptes annuels des entreprises (Moniteur 29 septembre) ;
— A.R. du 12.9.1983 déterminant la teneur et la représentation d'un plan comptable minimum normalisé, remplaçant l'A.R. du 7 mars 1978 qui avait le même objet (Moniteur 29 septembre 1983).

7 APPLICATION DE LA NORMALISATION COMPTABLE

Sous réserve de la faculté qui est offerte aux P.M.E. de faire usage de schémas abrégés pour la présentation et la publication de leurs comptes annuels, toutes les sociétés anonymes (S.A.), sociétés de personnes à responsabilité limitée (SPRL), les coopératives (S.C.) sont tenues de respecter le plan comptable minimum normalisé (P.C.M.N.) que l'A.R. sur les comptes annuels a rendu obligatoire.

Le critère pour être considéré comme une P.M.E., autorisée à établir des comptes abrégés, est :
ne pas dépasser plus d'une des trois limites suivantes :

— 50 personnes employées
— 145 millions de chiffre d'affaires hors T.V.A.
— 70 millions de total bilan.

Les commerçants, personnes physiques, les sociétés en nom collectif ou en commandite simple peuvent quant à elles tenir une comptabilité simplifiée si leur chiffre d'affaires ne dépasse pas 20 millions.

Les A.R. de normalisation ne s'appliquent pas à ces petites entreprises.

8 PUBLICITE DES COMPTES ANNUELS

En vertu des lois coordonnées sur les sociétés commerciales, les sociétés anonymes, SPRL, et sociétés coopératives doivent déposer chaque année leurs comptes annuels au greffe du Tribunal de Commerce.

Les commerçants personnes physiques, sociétés en nom collectif et sociétés en commandite simple ne doivent pas effectuer ce dépôt en vertu du droit des sociétés. Par contre, l'A.R. du 12.9.1983. en exécution de la loi comptable prescrit que les sociétés en nom collectif ou sociétés en commandite simple dont au moins un des associés est une personne morale et qui dépassent les critères fixés pour être une P.M.E. doivent effectuer le dépôt et la publication de leurs comptes annuels au greffe du Tribunal de Commerce.

9 RESUME DES OBLIGATIONS LEGALES

Le tableau repris ci-après est extrait de la revue «Bilan, lettre d'information sur la comptabilité et la gestion financière» n° 21 du 25 septembre 1983, page 3).

SYNTHESE	Comptabilité simplifiée	PCMN	Règles d'évaluation	Schéma abrégé	Schéma complet	Publicité
Personne physique SNC, SCS C.A.-20M mais PME	OUI sauf agents de change	NON	NON	NON	NON	NON
Personne physique SNC, SCS C.A.+20M mais PME	NON	OUI	OUI	OUI	NON	NON
Personne physique SNC, SCS Gde entreprise	NON	OUI	OUI	NON	OUI	non sauf si un associé personne morale
SA, SPRL Soc. Coop. Gde entreprise	NON	OUI	OUI	NON	OUI	OUI
Agents de change	NON	OUI	OUI	NON	OUI	NON

9.1 Objectifs de l'ouvrage

Le présent ouvrage, dont l'intitulé est «Comptabilité — Les procédures comptables et les comptes annuels», s'est fixé un double objectif :

1) expliquer les principales techniques comptables utilisées pour enregistrer les transactions dans le but de préparer les comptes annuels (bilan, compte de résultats et l'annexe).
2) donner les principaux éléments d'interprétation des états financiers afin de mesurer l'efficacité économique d'une entreprise.

9.2 Méthode et plans

Dans le premier tome, la méthode comptable sera progressivement abordée par l'exposé de techniques simples qui seront ultérieurement abandonnées pour aboutir, en finale, au système comptable classique.

Le tome II aura pour objet l'étude systématique des comptes du P.C.M.N. ainsi que des règles d'évaluation des postes du bilan et du compte de résultats.

Enfin, le tome III développera une introduction à l'analyse financière dont les éléments fondamentaux serviront à poser les principes en matières de choix comptables.

Il est demandé au lecteur de ne pas isoler une technique particulière de son contexte car elle risquerait d'être mal interprétée et de n'avoir aucun sens pratique. Il lui est aussi conseillé de respecter la technique d'enseignement programmé qui lui est proposée dans la mesure du possible et de résoudre tous les exercices en écrivant les réponses. Il pourra ensuite comparer la validité de sa solution avec celle qui lui est proposée.

1

LE BILAN

1 Définition du bilan

2 Principes élémentaires du bilan

3 Les principaux éléments constitutifs du bilan

4 Présentation normalisée

5 Exercices

OBJECTIF DU CHAPITRE

Après avoir défini le bilan et établi les principes qui régissent son équilibre, on étudiera les principales rubriques qui constituent la situation financière d'une entreprise.

Au terme de l'étude de ce premier chapitre, le lecteur devra être capable de structurer un bilan, conformément aux principes établis, en ayant, en plus, une idée de ce que recouvrent les intitulés des grands comptes constitutifs des rubriques bilantaires.

1 DEFINITION DU BILAN

Le bilan peut être défini comme le document qui décrit la situation patrimoniale d'une entreprise à un moment déterminé.

Plus précisément :

> Le bilan se présente sous la forme d'un double tableau détaillant, d'une part, les sources de capitaux d'une entreprise et, d'autre part, leur utilisation.

Les sources ou origines des capitaux se trouvent mentionnées dans le tableau de droite, appelé **PASSIF**.

Les utilisations de capitaux sont détaillées dans le tableau de gauche, appelé **ACTIF**.

Bilan de l'entreprise «X»

ACTIF	**PASSIF**
UTILISATION de capitaux	SOURCES de capitaux

2 PRINCIPES ELEMENTAIRES DU BILAN

2.1 L'équilibre fondamental du bilan

Au départ de la vie de l'entreprise, comme celle-ci ne peut pas utiliser plus de capitaux qu'elle n'en a à sa disposition, on peut écrire l'équation suivante :

ACTIF	=	PASSIF

LES UTILISATIONS DE CAPITAUX = LES SOURCES DE CAPITAUX

Cet équilibre se vérifiera de manière permanente. Il constitue la *formule fondamentale de la comptabilité*.

EXEMPLE 1

Enoncé

L'entreprise «X» dispose, pour commencer son activité, d'un capital de 10 millions qui lui a été apporté par ses propriétaires.

Avec ce capital, l'entreprise décide d'acheter un immeuble (4 millions) et des marchandises (5 millions).

Le reste est gardé, sous la forme de liquidités, sur un compte en banque, ouvert au nom de l'entreprise.

Question :

Dressez le bilan de départ de l'entreprise.

ANALYSE

— *Sources de capitaux*

Capital :

SOURCES

— *Utilisation des capitaux*

Immeuble :

Marchandises :

Banque :

UTILISATIONS

Solution

a) ANALYSE

— *Sources des capitaux*

Capital	10.000.000		
		10.000.000	les sources égalent

— *Utilisations des capitaux*

Immeuble	4.000.000		
Marchandises	5.000.000		
Banque	1.000.000		
		10.000.000	les utilisations

b) BILAN INITIAL DE L'ENTREPRISE «X»

Actif		=	Passif	
Utilisations		=	Sources	
Immeuble	4.000.000		Capital	10.000.000
Marchandises	5.000.000			
Banque	1.000.000			
	10.000.000			10.000.000

EXEMPLE 2

Enoncé

L'entreprise «Y» dispose pour commencer son activité d'un capital de 6.000.000 F qui lui a été apporté par ses propriétaires.

Elle finance également son activité à l'aide d'un emprunt de 4.000.000 F.

Avec les capitaux ainsi mis à sa disposition, elle achète un immeuble de 4.000.000 F, des marchandises pour 5.000.000 F et garde le reste sous forme de liquidités bancaires.

Question

Dressez le bilan de départ de l'entreprise «Y».

ANALYSE

— Source de capitaux

— Utilisation des capitaux

Solution

a) ANALYSE

— Source de capitaux		
Capital	6.000.000	
Emprunts	4.000.000	
		10.000.000
— Utilisation des capitaux		
Immeuble	4.000.000	
Marchandises	5.000.000	
Banque	1.000.000	
		10.000.000

b) BILAN INITIAL DE L'ENTREPRISE «Y»

Actif	Passif

c) BILAN INITIAL DE L'ENTREPRISE «Y»

Actif		Passif	
Immeuble	4.000.000	Capital	6.000.000
Marchandises	5.000.000	Emprunts	4.000.000
Banque	1.000.000		
	10.000.000		10.000.000

Les raisonnements très simples qui viennent d'être présentés illustrent bien l'équilibre permanent qui existe entre

les SOURCES et les UTILISATIONS de capitaux.

L'ACTIF (ou utilisations de capitaux) s'identifie à l'ensemble des biens et des droits dont l'entreprise est propriétaire.

— Ses BIENS seront constitués d'immeubles, de machines, de marchandises, de liquidités, etc ...
— Ses DROITS sont constitués par des créances sur des clients ou des tiers.

Le PASSIF (ou sources de capitaux) se compose des capitaux propres (apport des propriétaires et résultat bénéficiaire réservé) et des capitaux étrangers (dettes vis-à-vis des tiers qui ont prêté des fonds à l'entreprise).

2.2 La notion de situation nette

On peut distinguer trois masses essentielles dans le bilan :

— l'ensemble des biens et des avoirs
— l'ensemble des capitaux étrangers ou dettes
— le patrimoine propre de l'entreprise encore appelé
— situation nette.

La situation nette (c'est-à-dire la richesse *réelle* de l'entreprise) est donc égale à la différence entre :

— d'une part, l'ensemble des biens et droits dont l'entreprise est propriétaire
— d'autre part, les capitaux étrangers dont elle dispose (l'ensemble de ses dettes)

SITUATION NETTE = ACTIF - DETTES

Cette situation nette de l'entreprise qui matérialise sa richesse réelle représente également la richesse réelle des propriétaires de la firme.

Ces propriétaires, entrepreneurs au sens propre du terme, supportent tous les risques :

— risque de gain : ils sont les propriétaires du bénéfice qui accroît, en conséquence, leur richesse réelle

— risque de perte : ils supportent les pertes de l'entreprise qui vont entamer leur mise initiale.

Situation nette

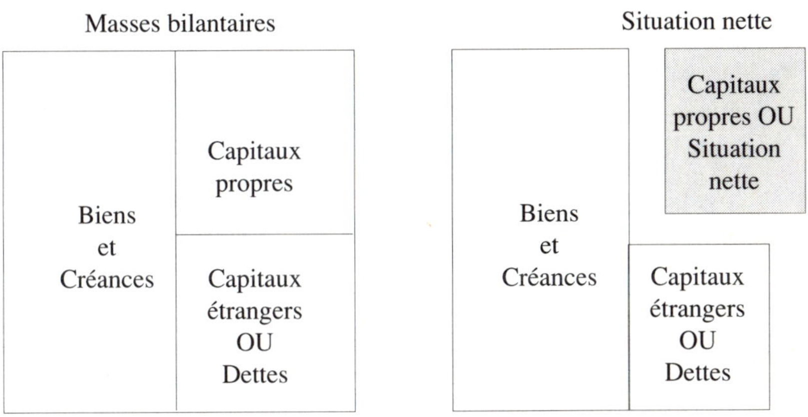

REMARQUE

Le bilan, pour répondre aux exigences de l'arrêté royal du 8 octobre 1976, présente directement la situation nette ou la richesse réelle de l'entreprise.

En effet, la perte, mauvaise utilisation des ressources, vient directement en déduction des fonds propres.

Le résultat bénéficiaire, diminué de la partie distribuée lors de l'affectation (1) figurera directement dans les capitaux propres et non pas sous une rubrique indépendante.

BILAN BILAN

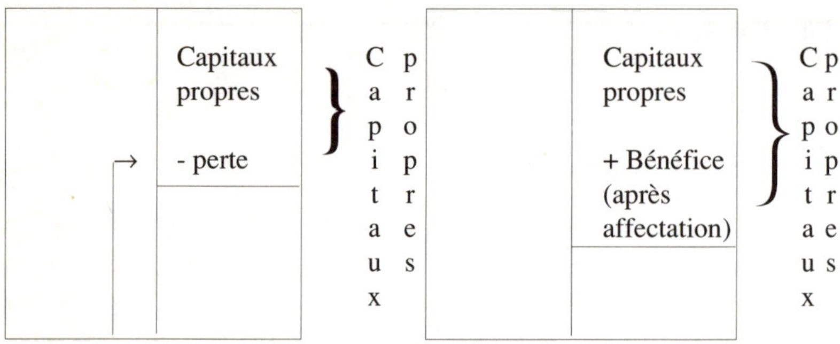

en cas de perte — en cas de résultat bénéficiaire

2.3 Présentation schématique des masses bilantaires

Si le total du bilan est égal à 100, on peut calculer ce que représente chaque masse bilantaire en % du total.

Cela permet de représenter le bilan de manière schématique.

La nouvelle présentation bilantaire (A.R. du 8 octobre 1976) prévoyant le bilan après affectation du résultat, le bilan schématique se présente dès lors comme suit :

1. On verra ultérieurement qu'une présentation du résultat est prévue dans les comptes annuels normalisés.

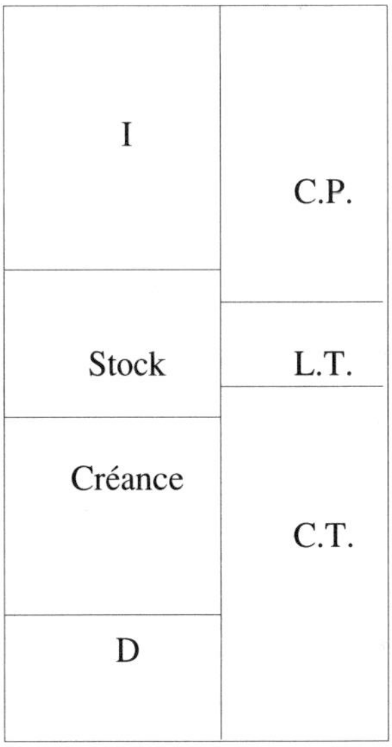
I
C.P.
Stock
L.T.
Créance
C.T.
D

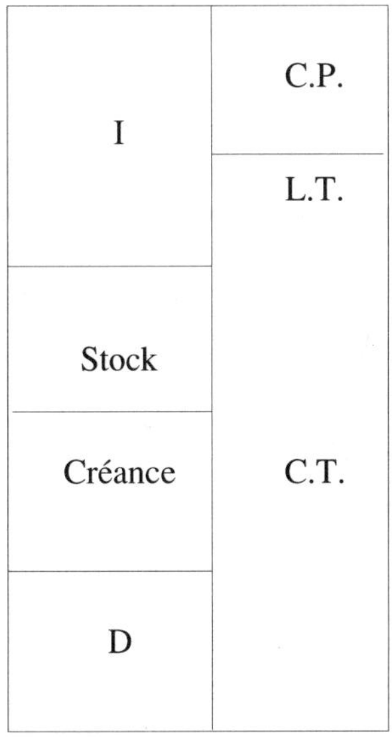
C.P.
I
L.T.
Stock
Créance
C.T.
D

3 LES PRINCIPAUX ELEMENTS CONSTITUTIFS DU BILAN

Le recensement de tous les éléments constitutifs du patrimoine d'une entreprise aboutit nécessairement à l'énumération d'une très grande variété d'éléments qu'il est nécessaire de regrouper sous un certain nombre de rubriques, en fonction de leurs caractéristiques propres.

Les principales rubriques que l'on peut trouver dans un bilan sont les suivantes :

A l'actif

1.	Immobilisations :	- frais d'établissement - incorporelles - corporelles - financières	(I)
2.	Créances à plus d'un an		(C.LT)
3.	Stocks et commandes en cours		(ST.)
4.	Créances		(C.CT)
5.	Placements de trésorerie		(PL)
6.	Disponible		(D)
7.	Comptes de régularisation		(R.A.)

Au passif

1.	Capitaux propres (1) (capital et réserves)		(C.P.)
2.	Dettes à plus d'un an (1)	} capitaux étrangers	(D.L.T.)
3.	Dettes à un an au plus		(D.C.T.)
4.	Comptes de régularisation		(R.P.)

Chacune de ces rubriques se compose d'un certain nombre de *comptes* qui «matérialisent» chacun des éléments constitutifs du patrimoine de l'entreprise.

3.1 L'ACTIF

3.1.1 Les immobilisations

Les immobilisations peuvent être définies comme «l'ensemble des moyens de production ou d'action, nécessaires à l'entreprise d'une manière permanente pour atteindre les objectifs en vue desquels elle a été constituée.

1. Capitaux propres (1) + Exigible à long terme (2) = Capitaux permanents

En d'autres termes, ce sont les dépenses que l'entreprise a dû consentir en vue d'acquérir les instruments de travail au sens large, dont elle a besoin en permanence, pour exercer l'activité qui constitue son objet social». (2)

Les immobilisations se décomposent en :

frais d'établissement (actifs fictifs)
où sont regroupées certaines dépenses effectuées pour plusieurs exercices de la vie de l'entreprise et dont on désire répartir la charge sur plusieurs années par le procédé d'amortissement.
Exemples : frais de constitution, frais d'augmentation de capital, ...

— *immobilisations incorporelles*
sont portés sous cette rubrique les frais de recherche et de développement, les concessions, brevets, licences, savoir-faire, ..., c'est-à-dire l'ensemble des éléments non tangibles (des droits) nécessaires à l'activité de l'entreprise.

— *immobilisations corporelles*
où sont regroupés des éléments tangibles, tels que les immeubles, les terrains, le mobilier, le matériel roulant et l'outillage.

— *immobilisations financières*
constituées par les prêts à plus d'un an, les garanties et cautionnements déposés, les titres de participation.
Les titres de participation représentent les parts que l'entreprise a souscrites au capital d'autres sociétés dans le but d'y prendre un certain contrôle et par conséquent d'y orienter la politique.

3.1.2 Les créances à plus d'un an

Cette rubrique comprend toutes les sommes dues par des tiers à l'entreprise et récupérables dans un laps de temps supérieur à un an. Ces sommes sont dues soit par des clients, soit par des fournisseurs ou par d'autres tiers.

3.1.3 Les stocks et commandes en cours

Elles comprennent les matières premières, les produits en cours de fabrication, les produits finis et les emballages commerciaux (les valeurs d'exploitation regroupent donc tous les éléments qui ont un rapport direct avec le produit ou le service rendu).

3.1.4 Les créances à un an au plus

Elles comprennent toutes les sommes dues par des tiers à l'entreprise et que celle-ci récupérera normalement sur un laps de temps inférieur à un an.

Ces sommes sont dues, soit par des clients, soit par des fournisseurs lors du versement d'un acompte et en attendant de recevoir la commande, soit par d'autres tiers.

2. Goblet M. *Analyses et interprétation des bilans*, Louvain, Ciallo, page 84.

3.1.5 Placements de trésorerie

On trouvera sous cette rubrique le compte «Portefeuille-titres» qui comprend les titres acquis par l'entreprise, non pas dans un but de contrôle, mais dans un but de placement, ainsi que les dépôts sur des comptes à terme.

3.1.6 Le disponible

Il regroupe toutes les liquidités que l'entreprise possède en banque (compte à vue), aux comptes chèques postaux co/ou en caisse.

3.1.7 Les comptes de régularisation d'actif

Ils ont pour objet d'assurer une répartition des charges et des produits dans le temps, de façon à imputer à l'exercice en cours toutes les charges et tous les produits qui le concernent à l'exclusion de tous autres.

3.2 LE PASSIF

3.2.1 Les capitaux propres

Ils comprennent les capitaux qui appartiennent aux propriétaires de l'entreprise ou de l'entreprise elle-même, si celle-ci a pris une forme qui lui confère une personnalité juridique autonome, distincte de celle des propriétaires.

Les fonds propres comprennent :

— les apports effectifs des associés (capital propre)
— les primes d'émissions
— les montants prélevés sur les bénéfices et retenus à l'intérieur de la société (réserves diverses)
— le produit de la réévaluation de certains éléments d'actifs (les plus-values de réévaluation)
— les subsides en capital reçus par l'entreprise
— les résultats reportés (en plus ou en moins)

3.2.2 Les dettes à plus d'un an

Il regroupe toutes les sommes que l'entreprise doit à des tiers et qui seront remboursées dans un délai supérieur à un an.

Par exemple, sous cette rubrique, on retrouvera des emprunts obligataires, des crédits d'investissements, dettes envers les fournisseurs, etc.

3.2.3 Les dettes à un an au plus

Regroupe toutes les sommes dues par l'entreprise à des tiers et payables dans un délai inférieur à un an.

Sous cette rubrique, seront repris les salaires à payer, les dettes envers les fournisseurs, les avances reçues sur les commandes, les avances des banquiers, etc.

3.2.4 Les comptes de régularisation de passif (ou transitoires)

Ils ont pour objet d'assurer une répartition des charges et des produits dans le temps, de façon à imputer à l'exercice en cours toutes les charges et tous les produits qui le concernent à l'exclusion de tous autres.

3.3 LES COMPTES D'ORDRE

Ils fournissent des informations qui ne sont pas comptabilisées dans la procédure normale, telles que les engagements reçus par l'entreprise et les engagements pris par celle-ci.

Exemples :

— engagement donnés : aval, caution, garantie, donnés par l'entreprise pour garantir des crédits

— engagements reçus : garanties données par un client pour couvrir ses obligations à l'égard de l'entreprise.

Ces engagements doivent figurer de façon distincte dans l'annexe du bilan. Ils sont appelés comptes d'ordre.

Critères de classement

— Les rubriques de l'actif sont classées dans un ordre de disponibilité croissante.

— Les rubriques du passif sont classées dans un ordre de d'exigibilité croissante.

4 PRESENTATION NORMALISEE

L'arrêté royal du 8 octobre 1976, modifié par l'arrêté royal du 12 septembre 1983, relatif aux comptes annuels des entreprises, prévoit une présentation normalisée du bilan pour les entreprises qui répondent à l'un des trois critères suivants :

— 50 personnes occupées
— chiffres d'affaires de 145 millions
— total du bilan de 70 millions

BILAN NORMALISE

ACTIF

Actifs immobilisés

I. **Frais d'établissement**

II. **Immobilisations incorporelles**

III. **Immobilisations corporelles**
- A. Terrains et constructions
- B. Installations, machines et outillage
- C. Mobilier et matériel roulant
- D. Location-financement et droits similaires
- E. Autres immobilisations corporelles
- F. Immobilisations en cours et acomptes versés

IV. **Immobilisations financières**
- A. Entreprises liées
  - 1. Participations
  - 2. Créances
- B. Autres entreprises avec lesquelles il existe un lien de participation
  - 1. Participations
  - 2. Créances
- C. Autres immobilisations financières
  - 1. Actions et parts
  - 2. Créances et cautionnements en numéraire

Actifs circulants

V. **Créances à plus d'un an**
- A. Créances commerciales
- B. Autres créances

VI. **Stocks et commandes en cours d'exécution**
- A. Stocks
  - 1. Approvisionnements
  - 2. En-cours de fabrication
  - 3. Produits finis
  - 4. Marchandises
  - 5. Immeubles destinés à la vente
  - 6. Acomptes versés
- B. Commandes en cours d'exécution

VII. **Créances à un an au plus**
- A. Créances commerciales
- B. Autres créances

VIII. **Placements de trésorerie**
- A. Actions propres
- B. Autres placements

IX. **Valeurs disponibles**

X. **Comptes de régularisation**

TOTAL

PASSIF

Capitaux propres

I. **Capital**
   A. Capital souscrit
   B. Capital non appelé (-)
II. **Primes d'émission**
III. **Plus-values de réévaluation**
IV. **Réserves**
   A. Réserve légale
   B. Réserves indisponibles
      1. Pour actions propres
      2. Autres
   C. Réserves immunisées
   D. Réserves disponibles
V. **Bénéfice reporté** (+)
   Perte reportée (–)
VI. **Subsides en capital**

Provisions pour risques et charges

VII. **Provisions pour risques et charges**
   A. Pensions et obligations similaires
   B. Charges fiscales
   C. Grosses réparations et gros entretien
   D. Autres risques et charges

Dettes

VIII. **Dettes à plus d'un an**
   A. Dettes financières
      1. Emprunts subordonnés
      2. Emprunts obligataires non subordonnés
      3. Dettes de location-financement et assimilés
      4. Etablissements de crédit
      5. Autres emprunts
   B. Dettes commerciales
      1. Fournisseurs
      2. Effets à payer
   C. Acomptes reçus sur commandes
   D. Autres dettes
IX. **Dettes à un an au plus**
   A. Dettes à plus d'un an échéant dans l'année
   B. Dettes financières
      1. Etablissements de crédit
      2. Autres emprunts
   C. Dettes commerciales
      1. Fournisseurs
      2. Effets à payer
   D. Acomptes reçus sur commandes
   E. Dettes fiscales, salariales et sociales
      1. Impôts
      2. Rémunération et charges sociales
   F. Autres dettes

X. **Comptes de régularisation**

TOTAL

Caractérisques du bilan normalisé

— établi après affectation du résultat

— une perte reportée est indiquée au passif en diminution des capitaux propres

— indique pour chacune des rubriques et des sous-rubriques les montants correspondants de l'exercice précédent.

Comptes annuels

L'entreprise doit, en plus du bilan, présenter un compte de résultats et l'annexe selon des schémas normalisés qui seront étudiés ultérieurement.

Ces trois documents qui forment un tout constituent les COMPTES ANNUELS (article 2 de l'arrêté royal du 8 octobre 1976).

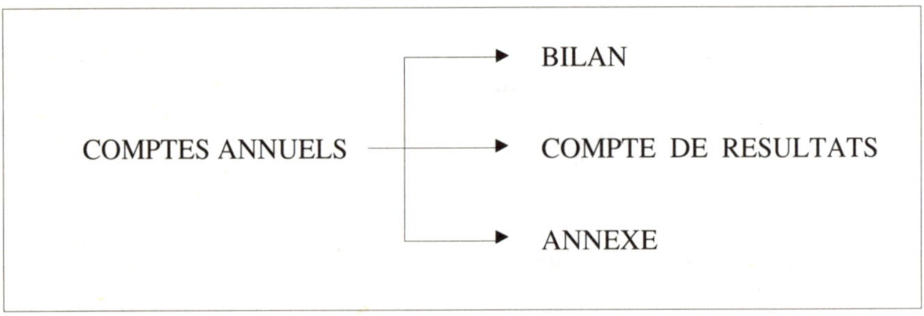

5 EXERCICES

Dressez le bilan des entreprises suivantes :

E.1. **Entreprise I**

Caisse	100.000
Capital	à calculer
Fournisseurs	1.000.000
Emprunts à long terme	500.000
Clients	300.000
Banque (dépôt)	1.500.000
Immeuble	2.000.000
Résultat déficitaire	600.000

E.2. Entreprise II

Caisse	800.000
Matériel	1.000.000
Immeuble	1.500.000
Capital	3.000.000
Fournisseurs	1.000.000
Clients	600.000
Perte	100.000

E.3. Entreprise III

Banque	2.050.000
CCP	825.000
Frais de constitution	150.000
Immeuble	3.000.000
Capital	5.000.000
Clients	1.600.000
Emprunts à long terme	2.000.000
Fournisseurs	1.000.000
Matériel	975.000
Bénéfice	600.000

E.4. Entreprise IV

Capital	150
Immeubles	80
Outillage	30
Emprunt long terme	50
Emprunt court terme	60
Créditeurs divers	40
Matières premières	70
Clients	70
Fournisseurs	30
Stock de produits finis	80
Banque	30

Déterminez le résultat.

E.5. Pour une société que le lecteur choisira et dont il pourra obtenir les comptes annuels auprès de la Centrale des Bilans ([1]) ou dans le rapport publié par l'entreprise elle-même, il est demandé de répondre aux questions suivantes:

1. Ces comptes annuels sont composés de 3 éléments.

   Lesquels ?

   1. ....

   2. ....

   3. ....

2 Dégager, dans le bilan, les grandes masses par des traits horizontaux.

3. Calculer les grandes masses bilantaires

   Immobilisations

   Valeurs d'exploitation ou stocks

   Réalisable

   Disponible

   Comptes de régularisation d'actif

---

1. Banque Nationale de Belgique, Centrale des Bilans, boulevard de Berlaimont 5, 1000 Bruxelles

Capitaux propres

Dettes long terme

Dettes court terme

Comptes de régularisation de passif

4. Le compte de résultats est décomposé en cinq parties.
   Lesquelles ?

   I.

   II.

   III.

   IV.

   V.

5. Il est demandé d'exposer, brièvement, le contenu de l'annexe.

2

LES MECANISMES FONDAMENTAUX D'ENREGISTREMENT

OBJECTIF DU CHAPITRE

Après avoir, sur base d'un exemple concret, justifié la nécessité d'établir une PROCEDURE d'enregistrement comptable, on en définira les principales étapes. Cela permettra au lecteur de dresser, au terme du présent chapitre, des comptes annuels élémentaires (bilan et compte de résultats). L'annexe sera étudiée ultérieurement.

1 DE LA NECESSITE D'ETABLIR UNE PROCEDURE COMPTABLE

Au cours du chapitre précédent, on a vu que le bilan permet de dégager la situation patrimoniale d'une entreprise, en même temps que le résultat de son activité.

Par la comparaison de plusieurs bilans successifs d'une même entreprise, les mutations du patrimoine peuvent aussi être connues.

Les entreprises doivent, en vertu de la loi du 17 juillet 1975 et de l'arrêté royal du 8 octobre 1976, établir chaque année leur bilan et leur compte de résultats. On pourrait imaginer qu'elles doivent dresser un bilan après CHAQUE OPERATION et donc répéter le même acte jusqu'à la fin de l'exercice. Mais la lourdeur d'une telle procédure, liée à la complexité et à la multitude des opérations, a engendré la conception d'une toute autre méthode que l'on va dégager à l'issue de l'exposé.

Pour reprendre le cas de l'entreprise «Y», on suppose que le bilan de l'exercice 19.. se présente comme suit :

Bilan de l'entreprise «Y» en 19..

ACTIF		PASSIF	
Constructions	4.000.000	Capital	7.000.000
Machines	3.000.000	Emprunts	4.000.000
Banque	4.000.000		
TOTAL	11.000.000	TOTAL	11.000.000

Remarque préliminaire :

Pour la clarté de l'exposé et contrairement à l'article 11 1, section III, de la loi du 17 juillet 1975 (qui dit : "le bilan est établi après répartition, c'est-à-dire compte tenu des décisions d'affectation du solde du compte de résultats de l'exercice et du résultat reporté. Lorsqu'à défaut de décision prise par l'organe compétent, cette affectation n'est pas définitive, le bilan est établi sous condition suspensive de cette décision), la rubrique «Résultat» apparaîtra de manière distincte au bilan.

EXEMPLE

Enoncé 1

Si le 2 janvier de cette année, l'entreprise «Y» achète à crédit des machines pour 1.000.000 de francs payables dans un mois et qu'elle désire connaître à la suite de cette opération, la situation de son patrimoine, que devra-t-elle faire ?

ANALYSE

Tableau des mutations			
Actif		Passif	
Machines	+ 1.000.000	Fournisseurs	+ 1.000.000
Actif =	+ 1.000.000	Passif =	+ 1.000.000

Solution

Bilan de l'entreprise «Y» au 2 janvier

ACTIF		PASSIF	
Constructions	4.000.000	Capital	7.000.000
Machines	4.000.000	Emprunts	4.000.000
Banque	4.000.000	Fournisseurs	1.000.000
TOTAL	12.000.000	TOTAL	12.000.000

Enoncé 2

3.1 Ouverture d'un compte à l'Office des Chèques Postaux et transfert de 2.000.000 F du compte en banque au CCP.

3.2 Achat d'une camionnette de livraison, paiement par banque : 600.000 F

3.3 Paiement de 500.000 F par CCP à un fournisseur

3.4 Transfert de la banque à la caisse : 500.000 F

Questions :

Etablissez le tableau des mutations et dressez le bilan après chaque opération.

ANALYSE

1re opération

Tableau des mutations	
Actif	Passif

Bilan

Actif	Passif

2e opération

Tableau des mutations	
Actif	Passif

Bilan

Actif	Passif

3e opération

Tableau des mutations	
Actif	Passif

Bilan

Actif	Passif

4e opération

Tableau des mutations	
Actif	Passif

Bilan

Actif	Passif

Solution

	Tableau des mutations			
	Actif		Passif	
1)	Banque	- 2.000.000		
	CCP	+ 2.000.000		
		0		0

2)	Matériel	+ 600.000		
	Banque	- 600.000		
		0		0

3)	CCP	- 500.000	Fournisseurs	- 500.000
		- 500.000		- 500.000

4)	Banque	- 500.000		
	Caisse	+ 500.000		
		0		0

Solution

Bilan de l'entreprise «Y» après les opérations de l'énoncé 2

Actif		Passif	
Constructions	4.000.000	Capital	7.000.000
Matériel	600.000	Emprunts	4.000.000
Machines	4.000.000	Fournisseurs	500.000
CCP	1.500.000		
Banque	900.000		
Caisse	500.000		
TOTAL	11.500.000	TOTAL	11.500.000

Ce procédé d'enregistrement des opérations est simple mais lourd à manipuler.

Une inscription directe des opérations dans le bilan lui-même aurait allégé leur transcription.

Enoncé 3

Le 4 janvier, l'entreprise «Y» :

— rembourse 100.000 de l'emprunt par prélèvement en banque

— elle paie par chèque 500.000 à un fournisseur

— elle achète du nouveau matériel pour 200.000 - paiement au comptant par CCP

Question

Déterminez la situation active et passive de l'entreprise après chaque opération en mouvementant directement les postes dans le bilan.

ANALYSE

Bilan de l'entreprise «Y» avant l'énoncé 3

ACTIF		PASSIF	
Constructions	* 4.000.000	Capital	* 7.000.000
Matériel	* 600.000	Emprunts	* 4.000.000
Machines	* 4.000.000	Fournisseurs	* 500.000
Banque	* 900.000		
CCP	* 1.500.000		
Caisse	* 500.000		
	11.400.000		11.400.000

Bilan de l'entreprise «Y» après la première opération de l'énoncé 3

ACTIF		PASSIF	
Constructions		Capital	
Matériel		Emprunts	
Machines		Fournisseurs	
Clients			
Banque			
CCP			
Caisse			

Bilan de l'entreprise «Y» après la deuxième opération de l'énoncé 3

ACTIF		PASSIF	
Constructions		Capital	
Matériel		Emprunts	
Machines		Fournisseurs	
Clients			
Banque			
CCP			
Caisse			

Bilan de l'entreprise «Y» après la troisième opération de l'énoncé 3

ACTIF	PASSIF
Constructions	Capital
Matériel	Emprunts
Machines	Fournisseurs
Clients	
Banque	
CCP	
Caisse	

Solution

Bilan de l'entreprise «Y» après les opérations de l'énoncé 3

ACTIF			PASSIF		
Constructions	4.000.000		Capital	7.000.000	
		4.000.000			7.000.000
Matériel	600.000		Emprunts	4.000.000	
	+ 200.000			- 100.000	
		800.000			3.900.000
Machines	4.000.000		Fournisseurs	500.000	
		4.000.000		- 500.000	
					0
Banque	900.000				
	- 100.000				
	- 500.000				
		300.000			
CCP	1.500.000				
	- 200.000				
		1.300.000			
Caisse	500.000				
		500.000			
		10.900.000			10.900.000

A l'analyse du dernier bilan, on peut aisément comprendre qu'une telle procédure peut facilement conduire à des erreurs, en raison notamment des nombreuses additions et soustractions et de la multitude des opérations concernant l'activité de l'entreprise.

C'est pourquoi on peut se demander si une présentation de bilan, comme celle qui suit, ne serait pas plus appropriée.

> Chaque poste mouvementé dans le bilan sera représenté par un «T».
>
> *A l'actif*, les augmentations des postes seront inscrites à gauche, les diminutions des postes seront inscrites à droite.
>
> *Au passif*, les augmentations des postes seront inscrites à droite, les diminutions des postes seront inscrites à gauche.

Soit :

BILAN

ACTIF **PASSIF**

Bilan de l'entreprisse «Y» le 4 janvier

ACTIF				PASSIF			
+ Constructions -				- Capital +			
4.000.000		4.000.000			7.000.000	7.000.000	
+ Matériel -				- Emprunts +			
600.000 (2) 200.000		800.000		(1) 100.000	4.000.000	3.900.000	
+ Machines -				- Fournisseurs +			
4.000.000		4.000.000		(2) 500.000	500.000	0	

+	Banque	-
900.000		100.000 (1)
		500.000 (2)

300.000

+	CCP	-
1.500.000		200.000

1.300.000

+	Caisse	-
500.000		

500.000

10.900.000

10.900.000

Enoncé 4

Le 5 janvier, l'entreprise «Y» décide :

4. de rembourser 100.000 F de l'emprunt par prélèvement au CCP
5. d'acheter une camionnette pour 150.000 F, payable par CCP.

ANALYSE

Bilan de l'entreprisse «Y» le 5 janvier avant les 2 opérations

ACTIF			**PASSIF**		
+	Constructions	-	-	Capital	+
4.000.000					7.000.000
+	Matériel	-	-	Emprunts	+
600.000 (3) 200.000			(1) 100.000		4.000.000
+	Machines	-	-	Fournisseurs	+
4.000.000			(2) 500.000		500.000

+	Banque -
900.000	100.000 (1)
	500.000 (2)

+	CCP -
1.500.000	200.000 (3)

+	Caisse -
500.000	

Solution

Bilan de l'entreprisse «Y» le 5 janvier après les 2 opérations

ACTIF				PASSIF			
+ Constructions -				**- Capital +**			
	4.000.000		4.000.000			7.000.000	7.000.000
+ Matériel -				**- Emprunts +**			
	600.000			(1)	100.000	4.000.000	
(2)	200.000			(4)	100.000		
(5)	150.000		950.000				3.800.000
+ Machines -				**- Fournisseurs +**			
	4.000.000			(2)	500.000	500.000	
			4.000.000			0	

+	Banque	-		
900.000		100.000 (1)		
		500.000 (2)		
			300.000	
+	**CCP**	**-**		
1.500.000		200.000 (3)		
		100.000 (4)		
		150.000 (5)		
			1.050.000	
+	**Caisse**	**-**		
500.000				
			500.000	
			10.800.000	10.800.000

Il apparaît rapidement que si le nombre d'opérations augmente, il n'est plus possible de les enregistrer dans ce bilan. Il s'avère donc nécessaire d'élaborer un système comptable différent en dissociant les comptes du bilan.

Dans un but d'analyse et de contrôle, on enregistrera dans les différents comptes, les opérations effectuées et ce, dans un ordre chronologique.

Chacun des comptes (Immeuble, Machines, etc.) est présenté sous la forme d'un tableau à partie double (c'est-à-dire à deux colonnes) qui relève les opérations ayant par nature un caractère commun.

Pour obtenir une vue synthétique de la situation financière de la société, on établira un bilan qui ne reprendra que les soldes des comptes sus-mentionnés.

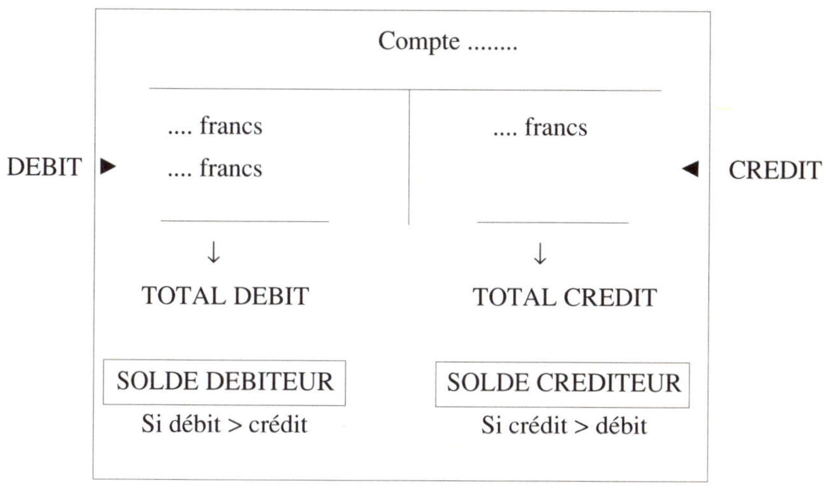

Toute inscription dans la colonne de *GAUCHE* s'appelle un *DEBIT*.

Toute inscription dans la colonne de *DROITE* s'appelle un *CREDIT*.

La différence entre le total des montants inscrits en débit et le total des montants inscrits en crédit s'appelle le SOLDE. Et selon que le montant total des débits est supérieur ou inférieur au montant total des crédits, on a un *SOLDE DEBITEUR* ou un *SOLDE CREDITEUR*.

De plus, on constate que :

1) tout accroissement d'un compte d'actif se traduit par un débit
2) toute diminution d'un compte d'actif se traduit par un crédit
3) toute augmentation d'un compte de passif se traduit par un crédit
4) toute diminution d'un compte de passif se traduit par un débit

Remarque

Le solde du compte ne s'inscrit pas dans le compte mais se calcule au niveau d'un document appelé balance que l'entreprise établira avant de dresser le bilan.

Balance

Nom des comptes	Total débit	Total crédit	Solde débiteur	Solde créditeur

Enoncé 5

Etablissez la balance et le bilan de l'entreprise X au 6 janvier.

Balance

Comptes mouvementés	Total débit	Total crédit	Solde débiteur	Solde créditeur
Constructions	4.000.000	-	4.000.000	-
Matériel	950.000	-	950.000	-
Machines	4.000.000		4.000.000	-
Banque	900.000	600.000	300.000	-
CCP	1.500.000	450.000	1.050.000	-
Caisse	500.000		500.000	-
Capital	-	7.000.000	-	7.000.000
Emprunts	200.000	4.000.000	-	3.800.000
Fournisseurs	500.000	500.000	-	0
TOTAL	12.550.000	12.550.000	10.800.000	10.800.000

ANALYSE

Bilan de l'entreprise «Y» le 6 janvier après enregistrement des opérations

ACTIF	PASSIF
Immobilisations	Capitaux propres
Disponible	Dettes à plus d'un an
	Dettes à un an au plus

Solution

Bilan de l'entreprise «Y» le 6 janvier après enregistrement des opérations

ACTIF		PASSIF	
IMMOBILISATIONS		CAPITAUX PROPRES	
Constructions	4.000.000	Capital	7.000.000
Matériel	950.000		
Machines	4.000.000		
		DETTES A PLUS D'UN AN	
		Emprunts	3.800.000
		DETTES A UN AN AU PLUS	
		Fournisseurs	0
DISPONIBLE			
Banque	300.000		
CCP	1.050.000		
Caisse	500.000		
	10.800.000		10.800.000

Les comptes de bilan ont été regroupés sous certaines grandes rubriques, classées dans un ordre précis :

— à l'actif, les masses bilantaires sont classées par ordre de liquidité croissante

— au passif, les masses bilantaires sont classées par ordre d'exigibilité croissante.

BILAN

liquidités croissante ↓	Actif	Passif	exigibilité croissante ↓
	Immobilisations	Capitaux propres	
	Créances à + 1 an	Dettes à plus d'un an	
	Stocks		
	Créances à – 1 an	Dettes à un an au plus	
	Disponible		

EXERCICES

Enoncé

1. Un groupe de personnes décident de fonder une entreprise «Z» par apport de 40.000.000 F.

   Cette somme est affectée à l'achat :

   — d'un immeuble de 10.000.000 F

   — de matériel de 6.000.000 F

   — de machines de 4.000.000 F

   Le reliquat est détenu en banque

2. L'entreprise décide de transférer 3.000.000 F en caisse par prélèvement en banque.

3. L'entreprise emprunte 2.000.000 F, somme consacrée immédiatement à l'achat d'un nouveau matériel

4. L'entreprise transfère 1.000.000 F de la caisse au CCP

5. L'entreprise décide de rembourser une partie de l'emprunt : 1.000.000 F par prélèvement en banque

Question

Il est demandé de présenter :

1. le bilan initial
2. l'enregistrement des opérations dans les comptes
3. le bilan final

Bilan initial

ACTIF	PASSIF
Immobilisations	Capitaux propres
Stocks et commandes	
Créances à un an au plus	Dettes à plus d'un an
Disponible	Dettes à un an au plus

\+ Constructions -

\- Capital +

\+ Matériel -

\- Emprunts +

+	Machines	-

-	CCP	+

+	Banque	-

+	Caisse	-

Balance des comptes

Balance

Nom des comptes	Total débit	Total crédit	Solde débiteur	Solde créditeur
TOTAL				

Bilan de l'entreprise «Z» après les 5 opérations

Bilan initial

ACTIF	PASSIF
Immobilisations	Capitaux propres
Stocks et commandes	
Créances à un an au plus	Dettes à plus d'un an
Disponible	Dettes à un an au plus

Solution

Bilan initial

ACTIF		PASSIF	
Immobilisations		Capitaux propres	
Constructions	10.000.000	Capital	40.000.000
Matériel	6.000.000		
Machines	4.000.000		
Disponible		Dettes à un an au plus	
Banque	20.000.000		
	40.000.000		40.000.000

Solution

Etat des comptes après les 5 opérations

D Constructions	C
(1) 10.000.000	
T 10.000.000	

D Capital	C
	(1) 40.000.000
	T 40.000.000

D Matériel	C
(1) 6.000.000	
(3) 2.000.000	
T 8.000.000	

D Emprunts	C
(5) 1.000.000	(3) 2.000.000
T 1.000.000	T 2.000.000

D Machines	C
(1) 4.000.000	

D CCP	C
(4) 1.000.000	

D Banque	C
(1) 20.000.000	(2) 3.000.000
	(5) 1.000.000

D Caisse	C
(2) 3.000.000	(4) 1.000.000

Balance de vérification

Noms des comptes	Total débit	Total crédit	Solde débiteur	Solde créditeur
Constructions	10.000.000	-	10.000.000	-
Matériel	8.000.000	-	8.000.000	-
Machines	4.000.000		4.000.000	-
Banque	20.000.000	4.000.000	16.000.000	-
CCP	1.000.000	-	1.000.000	-
Caisse	3.000.000	1.000.000	2.000.000	-
Capital	-	40.000.000	-	40.000.000
Emprunts	1.000.000	2.000.000	-	1.000.000
TOTAL	47.000.000	47.000.000	41.000.000	41.000.000

Solution

Bilan de l'entreprise «Z» après les 5 opérations

Bilan initial

ACTIF		PASSIF	
Immobilisations		Capitaux propres	
Constructions	10.000.000	Capital	40.000.000
Matériel	8.000.000		
Machines	4.000.000		
		Dettes à plus d'un an	
		Emprunts	1.000.000
Disponible			
Banque	16.000.000		
CCP	1.000.000		
Caisse	2.000.000		
	41.000.000		41.000.000

Comme on peut le remarquer, chaque opération a fait l'objet d'une inscription dans un compte. L'ensemble de ces comptes porte le nom de «GRAND-LIVRE DES COMPTES».

Ce dernier comprend deux catégories de comptes : les comptes dits d'«ACTIF» et les comptes dits de «PASSIF». Les comptes de résultats seront étudiés ultérieurement.

Les comptes d'actif sont ceux qui se retrouveront à l'actif du bilan. Les comptes de passif sont ceux qui se retrouveront au passif du bilan.

En ce qui concerne les comptes d'actif, les augmentations (+) se retrouveront du côté gauche, appelé «DEBIT», et les diminutions du côté droit, appelé «CREDIT».

Quant aux comptes de passif, ils seront crédités des augmentations (côté droit) et débités des diminutions (côté gauche).

Donc,

ACTIF		BILAN	PASSIF
DEBIT (+)	CREDIT (-)	DEBIT (-)	CREDIT (+)

L'augmentation d'un compte d'actif (débit) entraîne nécessairement la diminution d'un autre compte d'actif (crédit) ou l'augmentation d'un compte de passif (crédit).

Quant à l'augmentation d'un compte de passif (crédit), elle entraîne nécessairement la diminution d'un autre compte de passif (débit) ou l'augmentation d'un compte d'actif (débit).

S'il n'en était pas ainsi, la règle d'équilibre fondamentale

$$\text{ACTIF} = \text{PASSIF}$$

ne serait pas respectée.

En résumé :

Compte d'actif + (débit)	→ compte de passif + (crédit)
	→ compte d'actif - (crédit)
Compte d'actif - (crédit)	→ compte de passif - (débit)
	→ compte d'actif + (débit)
Compte de passif + (crédit)	→ compte de passif - (débit)
	→ compte d'actif + (débit)
Compte de passif - (débit)	→ compte de passif + (crédit)
	→ compte d'actif - (crédit)

Comme on peut le remarquer :

DEBITER UN COMPTE ENTRAINE NECESSAIREMENT
LE CREDIT D'UN AUTRE COMPTE

Cependant, si on se limite à l'enregistrement au grand-livre des comptes, l'entreprise ne connaît ni l'ordre chronologique dans lequel les opérations ont été enregistrées, ni le motif de l'inscription en compte.

Il s'en suit que parallèlement au grand-livre des comptes, on procédera à l'enregistrement des opérations sur un document qu'on appellera momentanément «LIVRE CHRONOLOGIQUE» grâce auquel l'entreprise peut connaître à tout moment LA DATE et LE MOTIF de l'enregistrement au grand-livre des comptes.

Exercice (en 000)

Immeuble	5.000
Caisse	1.000
Matériel d'exploitation	2.000
Capital	?
Emprunt à plus d'un an	6.000
Matériel roulant	6.000
Fournisseurs	8.000
Clients	5.000
Emprunt à moins d'un an	3.000
CCP	2.000

1. Présenter le bilan initial en inscrivant les comptes dans les masses bilantaires.

2. Enregistrer les opérations suivantes dans les comptes :
   a. remboursement partiel de l'emprunt à moins d'un an par virement du CCP: 1.500
   b. paiement aux fournisseurs de 1.000 par caisse
   c. les clients paient 2.000 par CCP
   d. achat d'un nouveau véhicule 500 - paiement au comptant par CCP
   e. ouverture d'un compte en banque et transfert de tous les fonds disponibles en caisse sur ce nouveau compte

3. Etablir le bilan final.

2 PROCEDURE ELEMENTAIRE

2.1 Le livre chronologique

Le livre chronologique est un document qui relève au jour le jour et dans l'ORDRE CHRONOLOGIQUE toutes les opérations ayant trait à l'activité de l'entreprise (1).

Ce document se présente sous la forme d'un tableau à 10 colonnes :

N°	Date	Noms des comptes	A/P	+/-	D/C	comptes débités	comptes crédités	D	C
1	5/1	Caisse	A	-	C	Banque		1000	
		Banque	A	+	D		Caisse		1000
Transfert de la caisse à la banque - Pièce justificative n° X									

L'opération enregistrée ci-dessus consiste en un versement de 1.000 F à la banque par prélèvement dans la caisse.

a) dans la première colonne, on indiquera le n° de l'opération

b) dans la deuxième colonne, on indiquera la date de l'opération

c) dans la troisième colonne, sont cités les comptes mouvementés, c'est-à-dire concernés par l'opération : si on retire une certaine somme d'argent de la caisse pour la verser sur un compte à vue, les deux comptes concernés seront «Caisse» et «Banque».

d) la quatrième colonne précise la nature des comptes : actif (A) ou passif (P). Les comptes «Caisse» et «Banque» sont tous deux des comptes d'actif.

e) la cinquième colonne précise le sens de l'opération pour chaque compte : le compte «Caisse» diminue (-) et le compte «Banque» augmente (+).

f) la sixième colonne du livre chronologique précise la nature de l'imputation à chaque compte : débit (D) ou crédit (C).

En ce qui concerne le versement à la banque, comme l'opération porte sur deux

(1) Le livre chronologique permet à l'étudiant de se poser toutes les questions nécessaires à l'enregistrement correct des opérations.
Ultérieurement, nous utiliserons le livre-journal. Le livre-journal reprend en fait une partie du livre chronologique.

comptes d'actif, le compte qui augmente sera débité (D) tandis que le compte qui diminue se verra crédité (C).

g) les septième et huitième colonnes reprennent l'intitulé de chacun des comptes, débité (Banque) et crédité (Caisse), *la première ligne étant réservée au compte débité*.

h) les neuvième et dixième colonnes mentionnent le montant des sommes débitées ($\sum D = 1000$) et créditées ($\sum C = 1000$)

i) le motif de l'opération, le n° de pièce justificative, etc, sont repris en-dessous de l'opération, à travers les 10 colonnes.

Procédure d'enregistrement

L'enregistrement des opérations se fera toujours selon la procédure suivante:

OPERATION → LIVRE CHRONOLOGIQUE → GRAND-LIVRE DES COMPTES

Le livre chronologique	**Le grand-livre des comptes**
– enregistre au jour le jour, chronologiquement, toutes les opérations de l'entreprise.	– rassemble tous les comptes
– permet de visualiser chaque opération.	– permet à tout moment de connaître le solde de chaque compte.

Remarque

A l'ouverture des comptes, la première opération sera la reprise du bilan initial.

EXEMPLE

Enoncé :

1. le 2 janvier, l'entreprise «P» achète des machines pour 1.000.000 - paiement à 3 mois

2. le 4 janvier, l'entreprise achète du matériel de bureau pour 50.000 F, qu'elle paie au comptant par banque dont le solde initial était de 1.000.000 F.

3. le 5 janvier, l'entreprise verse 500.000 F à un fournisseur par banque

Solution : livre chronologique de l'entreprise «P»

N°	Date	Noms des comptes	A/P	+/-	D/C	comptes débités	comptes crédités	D	C
1	2.1	Machines Fournisseurs	A P	+ +	D C	Machines	Fournisseurs	1.000.000	1.000.000
2	4.1	Matériel Banque	A A	+ -	D C	Matériel	Banque	50.000	50.000
3	5.1	Banque Fournisseurs	A P	- -	C D	Fournisseurs	Banque	500.000	500.000
		TOTAL (1)						1.550.000	1.550.000

1. En bas de page, le total «D» sera comparé au total «C» pour vérification des sommes inscrites au débit et au crédit. Ce montant sera reporté à la page suivante.

GRAND-LIVRE DES COMPTES

+ Machines -	
(1) 1.000.000	

- Fournisseurs +	
(3) 500.000	(1) 1.000.000

+ Matériel -	
(2) 50.000	

+ Banque -	
1.000.000	(2) 50.000
	(3) 500.000

APPLICATION

Enoncé

1. Le 10 février : achat d'un camion à crédit pour un montant de 4.000.000F
2. Le 15 février : transfert de la banque au CCP : 500.000 F
3. Le 12 mars : paiement du fournisseur : 3.000.000 F par banque
4. Le 24 mars : paiement du client par banque : 2.000.000 F, par CCP : 1.000.000 F
5. Le 10 avril : achat de matériel au comptant : 30.000 F - paiement par caisse

Question

Enregistrez ces opérations au livre chronologique avec report dans les comptes dans lesquels les soldes initiaux sont déjà indiqués.

Livre chronologique

N°	Date	Noms des comptes	A/P	+/-	D/C	comptes débités	comptes crédités	D	C

(suite)

N°	Date	Noms des comptes	A/P	+/-	D/C	comptes débités	comptes crédités	D	C
TOTAL									

Grand livre des comptes

Matériel roulant

D^+	C^-

Capital

D^-	C^+
	7.500.000 (0)

Banque

D^+	C^-
(0) 6.000.000	

Fournisseurs

D^-	C^+
	3.500.000 (0)

CCP

D^+	C^-
(0) 1.500.000	

Caisse

D^+	C^-
(0) 500.000	

Clients

D^+	C^-
(0) 3.000.000	

(0) = solde initial

Solution

Livre chronologique

N°	Date	Noms des comptes	A/P	+/-	D/C	comptes débités	comptes crédités	D	C
1	10.2	Mat. roulant	A	+	D	Mat. roulant		4.000.000	
		Fournisseurs	P	+	C		Fournisseurs		4.000.000
2	15.2	CCP	A	+	D	CCP		500.000	
		Banque	A	–	C		Banque		500.000
3	12.3	Banque	A	-	C	Fournisseurs		3.000.000	
		Fournisseurs	P	-	D		Banque		3.000.000
4	24.3	Clients	A	-	C	Banque		2.000.000	
		Banque	A	+	D	CCP		1.000.000	
		CCP	A	+	D		Clients		3.000.000
5	10.4	Matériel	A	+	D	Matériel		30.000	
		Caisse	A	-	C		Caisse		30.000
		TOTAL						10.550.000	10.550.000

Grand livre des comptes

D^+ Matériel roulant	C^-
(1) 4.000.000	

D^- Capital	C^+
	(0) 7.500.000

D^+ Banque	C^-
(0) 6.000.000	(2) 500.000
(4) 2.000.000	(3) 3.000.000

D^- Fournisseurs	C^+
(3) 3.000.000	(0) 3.500.000
	(1) 4.000.000

D^+ CCP	C^-
(0) 1.500.000	
(2) 500.000	
(4) 1.000.000	

D^+ Caisse	C^-
(0) 500.000	(3) 30.000

D^+ Client	C^-
(0) 3.000.000	(4) 3.000.000

D^+ Matériel	C^-
(5) 30.000	

2.2 Le grand-livre des comptes

Le grand-livre des comptes correspondra à un ensemble de tableaux à double entrée (débit et crédit) ou comptes. Chacun d'eux enregistrera les opérations, ayant par nature, un caractère commun.

Ainsi, si on étudie le compte «Clients», il se présentera comme suit (le premier montant inscrit correspond au solde du bilan précédent (S)).

CLIENTS

DEBIT		CREDIT
(S)	3.000.000	1.200.000
	1.000.000	100.000
		400.000
	4.000.000	1.700.000

solde débiteur : 2.300.000

En fin d'exercice, l'entreprise déterminera le solde de tous les comptes ouverts pendant l'exercice. Ce solde se calcule en faisant la différence entre le débit et le crédit.

Un compte d'actif aura généralement un solde débiteur (D > C),

Un compte de passif aura généralement un solde créditeur (C > D).

Le calcul de ces soldes se fera au niveau de la balance, document qui sera établi avant le bilan et le compte de résultats. Cette balance se composera de deux parties : la première comprenant l'ensemble des comptes de bilan, la deuxième, les comptes de résultats dont nous reparlerons dans la section suivante.

Comme nous l'avons vu précédemment, le bilan se composera de tous les soldes des comptes, à l'exclusion des comptes de résultat qui auront servi à établir le résultat de l'exercice.

3 ANALYSE DES RESULTATS

Arrivé à ce stade de l'étude de la procédure comptable, il importe d'exposer une notion fondamentale qui est celle des «résultats de l'entreprise».

Dans un premier temps, on pourrait envisager d'imputer directement les résultats au compte «Capital» (1). Il est vrai que le capital représente les fonds propres de l'entreprise. Il s'ensuit que le résultat (bénéficiaire ou déficitaire) affecte en plus ou moins les fonds propres de celle-ci.

Il est important de savoir pour chaque opération, si cette dernière a une influence sur le résultat de l'exercice.

Concrètement, lorsque l'entreprise réalise l'achat d'un bien destiné à être utilisé durant plusieurs années, la valeur d'acquisition sera portée à l'actif du bilan et n'affectera donc pas le résultat (sauf par le biais de l'amortissement ou par la réduction de valeur que nous étudierons ultérieurement).

Par contre, si le bien acquis est destiné à être utilisé, consommé ou revendu dans l'année, on tiendra compte de sa valeur d'acquisition dans le calcul du résultat.

Enfin, le recours à un service (salaires, réparations, ...) aura nécessairement une influence sur le résultat.

En résumé

Acquisition :

1) d'un bien utilisé pendant plusieurs années → figure à l'actif.
2) d'un bien utilisé ou revendu dans l'année → fait diminuer le résultat
3) d'un service → fait diminuer le résultat.

L'entreprise réalise également des opérations ayant une incidence positive sur le résultat (Ventes, réception d'intérêts bancaires, ...).

---

1 Cette hypothèse simplificatrice, interdite pour les sociétés, n'est utilisée que pour la facilité de la compréhension du lecteur. Elle sera abandonnée par la suite.

Charges – Produits

Lorsqu'une opération a une incidence sur le résultat, il faut encore déterminer si cette incidence est favorable ou défavorable au résultat.

Si l'opération est défavorable au résultat, c'est-à-dire qu'elle entraîne une diminution du bénéfice, on l'enregistrera dans un compte de résultat appelé «Compte de charges», côté débit.

Si l'opération est favorable au résultat, c'est-à-dire lorqu'elle contribue à augmenter le bénéfice, on l'enregistrera dans un compte de résultat, appelé «Comptes de Produits», côté crédit.

Dès lors,

Opération ayant une incidence sur le résultat

↓ ↓

défavorable → favorable

D^+	Charges	C^-
+		

D^-	Produits	C^+
		+

Suite à cette notion de résultat, nous travaillerons désormais avec des comptes :

- d'actif
- de passif

} comptes de bilan

- de charges
- de produits

} comptes de résultats

Les comptes de bilan nous permettront d'établir la situation du patrimoine tandis que les comptes de résultat serviront à calculer le résultat de l'exercice (ou année comptable) par le biais de la différence suivante :

Total des produits – Total des charges

Si le total des produits (opérations favorables au résultat) est supérieur au total des charges (opérations défavorables au résultat), l'entreprise aura réalisé un bénéfice.

Inversement, si le total des charges est supérieur au total des produits, l'entreprise aura réalisé une perte

.

Exemple

Supposons l'entreprise «V» au capital de 5.000.000 F.

1. L'entreprise paie des salaires aux ouvriers : 100.000 F par caisse
2. Elle paie le loyer commercial : 25.000 F par caisse
3. Elle réalise un profit sur la vente d'actions se trouvant dans son portefeuille-titres : 85.000 F (valeur des titres : 100.000 F - vendus 185.000 F). Les fonds sont perçus en espèces par caisse.
4. L'entreprise paie des frais de publicité : 35.000 F par caisse.

Question

Enregistrez ces opérations dans le livre chronologique et dans les comptes dans lesquels les soldes initiaux sont déjà indiqués.

ANALYSE

Livre chronologique

N°	Date	Noms des comptes	A/P Ch/Pr	+/-	D/C	comptes débités	comptes crédités	D	C

Livre chronclogique (suite)

TOTAL	

Grand-livre des comptes

D^+	Caisse	C^-
2.500.000		

D^+	Titres	C^-
800.000		

Solution

Livre chronologique

N°	Date	Noms des comptes	A/P Ch/Pr	+/-	D/C	comptes débités	comptes crédités	D	C
1		Charges	Ch	+	D	Charges		100.000	
		Caisse	A	-	C		Caisse		100.000
2		Charges	Ch	+	D	Charges		25.000	
		Caisse	A	-	C		Caisse		25.000
3		Caisse	A	+	D	Caisse		185.000	
		Titres	A	-	C		Titres		100.000
		Produits	Pr	+	C		Produits		85.000
4		Charges	Ch	+	D	Charges		35.000	
		Caisse	A	-	C		Caisse		35.000
		TOTAL						345.000	345.000

Grand-livre des comptes

D (+)	Caisse		C (-)
	2.500.000	(1)	100.000
(3)	185.000	(2)	25.000
		(5)	35.000
T	2.685.000	T	160.000

D (+)	Charges		C (-)
(1)	100.000		
(2)	25.000		
(4)	35.000		
T	160.000		

D (+)	Titres		C (-)
	700.000	(3)	100.000
T	700.000	T	100.000

D (-)	Produits		C (+)
		(3)	85.000
		T	85.000

Résultat =Produits – Charges

R = 85.000 - 160.000 = - 75.000 → perte

Exercice

Relevé des comptes de bilan au 31 décembre 1989

Immeuble	1.000.000
Matériel	500.000
Capital	1.700.000
Stock de marchandises	500.000
Emprunt à plus d'un an	500.00
Clients	250.000
Banque	200.000
Fournisseurs	250.000
CCP	100.000

UTILISATION DES

COMPTES DE

RESULTATS

Etablir la situation au 31 décembre 1989.

Tenir la comptabilité de Monsieur Potier pendant l'exercice 1990 en enregistrant les opérations dans le livre chronologique et le grand-livre des comptes:

1. transfert de la banque à la caisse : 75.000 F
2. vente de la journée au comptant : 100.000 F - paiement par caisse
3. paiement d'un premier acompte à un fournisseur 100.000 F par caisse
4. reçu facture du garagiste pour réparation du matériel roulant 15.000 F
5. remboursé 50.000 F aux créanciers L.T. par banque
6. payé par caisse : - assurance auto 3.000 F
   - note de gaz et d'électricité 2.000 F
   - femme de ménage 1.000 F
7. achat de marchandises : 500.000 F
8. vente au comptant de 200.000 F - paiement par caisse
9. transfert de la caisse au CCP : 100.000 F
10. paiement à un fournisseur : 75.000 F par CCP
11. le magasin a été détruit par un incendie. L'assurance couvre le sinistre à concurrence de 700.000 F. Le devis de reconstruction s'élève à 800.000 F. L'immeuble est repris dans les comptes pour 750.000 F
12. l'assurance paie 700.000 F par banque
13. reçu la facture de l'entrepreneur pour la reconstruction de l'immeuble : 800.000F
14. achat de marchandises : 250.000 F
15. paiement de 500.000 F à un founisseur par banque

16. transfert de la banque à la caisse : 100.000 F
17. vente à un client : 82.000 F - paiement à 60 jours fin de mois
18. paiement d'un client : 100.000 F par CCP
19. paiement par caisse de 5.000 F de loyer pour un entrepôt

Le résultat (bénéficiaire ou non) d'une entreprise peut provenir de l'activité normale, c'est-à-dire de l'exploitation normale et courante de l'entreprise, d'opérations financières ou de faits exceptionnels.

Il s'avère donc nécessaire de distinguer dans le résultat final la partie qui provient :

- de l'exploitation normale → résultats d'exploitation
- des opérations financières → résultats financiers
- des événements exceptionnels → résultats exceptionnels

De plus, ayant besoin du résultat *NET* de l'entreprise, c'est-à-dire le bénéfice moins l'impôt direct, une quatrième articulation interviendra dans l'analyse : l'impôt.

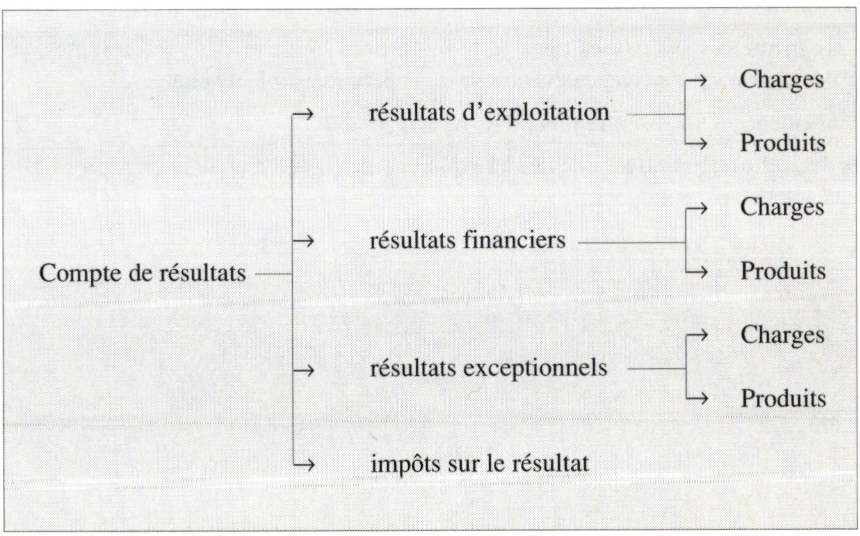

Exemple

Soit l'entreprise «V» au capital de 5.000.000 F.

1. L'entreprise paie des salaires aux ouvriers : 100.000 F par banque
2. Elle paie par caisse le loyer commercial : 25.000 F
3. Elle réalise un profit sur la vente d'actions se trouvant dans son portefeuille-titres : 85.000 F (valeur des titres 100.000 F - vendus 185.000 F) - caisse
4. L'entreprise paie des frais de publicité : 35.000 F par caisse
5. Elle perçoit des intérêts sur un dépôt à la banque : 3.000 F
6. Elle paie l'eau et l'électricité : 15.000 F par banque
7. Elle constate un manquement en caisse : 3.000 F
8. Elle paie la note de garage pour entretien du matériel roulant : 2.500 F par caisse
9. Elle paie une prime d'assurance : 5.000 F par banque.

Question

Enregistrez ces opérations dans le livre chronologique et dans les comptes, en réfléchissant sur l'incidence éventuelle de l'opération sur le résultat.

Si incidence il y a, est-elle favorable ou défavorable ?

Si oui, cette opération est-elle liée à l'exploitation, à la situation financière ou a-t-elle un caractère exceptionnel ?

ANALYSE

Livre chronologique

N°	Date	Noms des comptes	A/P Ch/Pr	+/-	D/C	comptes débités	comptes crédités	D	C

Livre chronologique (suite)

TOTAL								

Grand-livre des comptes

D (+)	Caisse	C (-)
2.500.000		

D (+)	Titres	C (-)
800.000		

D (+)	Machines	C (-)
350.000		

D(+)	Banque	C (-)
500.000		

D (-)	Capital	C (+)
		5.000.000

D(+)	Charges d'exploitation	C(-)

D(+)	Charges exceptionnelles	C(-)

D(+)	Charges financières	C(-)

D (+)	Impôts	C (-)

D (-)	Produits d'exploitation	C (+)

D (-)	Produits financiers	C (+)

D (-)	Produits exceptionnels	C (+)

Solution

Livre chronologique

N°	Date	Noms des comptes	A/P Ch/Pr	+/-	D/C	comptes débités	comptes crédités	D	C
1		Charges d'exploit.	Ch	+	D	Charges d'exploit.		100.000	
		Banque	A	-	C		Banque		100.000
2		Charges d'exploit.	Ch	+	D	Charges d'exploit.		25.000	
		Caisse	A	-	C		Caisse		25.000
3		Caisse	A	+	D	Caisse		185.000	
		Produits exception.	Pr	+	C		Produits exception.		85.000
		Titres	A	-	C		Titres		100.000
4		Charges d'exploit.	Ch	+	D	Charges d'exploit.		35.000	
		Caisse	A	-	C		Caisse		35.000
5		Banque	A	+	D	Banque		3.000	
		Produits financiers	Pr	+	C		Produits financiers		3.000

6	Charges d'exploit.	Ch	+	D	Charges d'exploit.		15.000	
	Banque	A	-	C		Banque		15.000
7	Charges exception.	Ch	+	D	Charges exception.		3.000	
	Caisse	A	-	C		Caisse		3.000
8	Charges d'exploit.	Ch	+	D	Charges d'exploit.		2.500	
	Caisse	A	-	C		Caisse		2.500
9	Charges d'exploit.	Ch	+	D	Charges d'exploit.		5.000	
	Banque	A	-	C		Banque		5.000
	TOTAL						373.500	373.500

Grand-livre des comptes

D (+) Caisse C (-)

	2.500.000	(2)	25.000
(3)	185.000	(4)	35.000
		(7)	3.000
		(8)	2.500
T	2.685.000	T	65.500

D (-) Capital C (+)

	5.000.000
	T 5.000.000

D (+) Titres C (-)

	800.000	(3)	100.000
T	800.000	T	100.000

D(+) Charges d'exploitation C(-)

(1)	100.000	
(2)	25.000	
(4)	35.000	
(6)	15.000	
(8)	2.500	
(9)	5.000	
T	182.500	

D (+) Machines C (-)

	350.000	(4)	50.000
T	350.000	T	50.000

D(-) Produits exceptionnels C(+)

	(3)	85.000

D(+) Charges exceptionnelles C(-)

(7)	3.000	

D(+)	Banque		C (-)
	500.000	(1)	100.000
(5)	3.000	(6)	15.000
		(9)	5.000
T	503.000	T	120.000

D(-)	Produits financiers		C(+)
		(3)	85.000
		(5)	3.000
		T	88.000

D(+)	Charges financières	C(-)

D (+)	Impôts	C (-)

Comptabilisation des achats et des ventes de marchandises

Dans un premier temps, on considérera que les stocks de l'entreprise ne varient pas d'un exercice à l'autre.

RESULTAT = PRODUITS - CHARGES

Les *ventes* de marchandises seront considérées comme des *produits d'exploitation,* car ont en principe une incidence favorable sur le résultat.

et les *achats* de marchandises seront considérés comme des *charges d'exploitation,* car ont une incidence défavorable sur le résultat.

Exemple

Reprenons l'entreprise «V» au capital de 5.000.000 F et au stock initial de marchandises de 1.250.000 F.

1. L'entreprise paie des salaires aux ouvriers : 100.000 F par banque
2. Elle paie par caisse le loyer commercial : 25.000 F
3. Elle réalise un profit sur la vente d'actions d'une filiale : 85.000 F (valeur des titres : 100.000 F - vendus 185.000 F par caisse)
4. Elle constate un vol de marchandises : 50.000 F
5. L'entreprise paie des frais de publicité : 35.000 F par caisse
6. Elle perçoit des intérêts sur un dépôt à la banque : 3.000 F
7. Elle paie l'eau et l'électricité : 15.000 F par banque
8. Elle constate un manquement de caisse : 3.000 F
9. Elle paie la note du garage pour l'entretien du matériel roulant : 2.500 F par caisse
10. Elle paie une prime d'assurance : 5.000 F par banque
11. Elle achète des marchandises : paiement par caisse : 20.000 F
12. Elle vend des marchandises : paiement par banque : 13.000 F
13. Elle paie les frais de déplacement au représentant : 2.000 F par caisse
14. Elle reçoit un intérêt de 7.000 F par banque
15. Elle vend des marchandises pour un montant de 75.000 F - paiement par banque.

Enregistrez les écritures au livre chronologique en réfléchissant sur l'incidence éventuelle de l'opération sur le résultat.

Si incidence il y a, est-elle favorable ou défavorable ?

Si oui, cette opération est-elle liée à l'exploitation, à la situation financière, ou a-t-elle un caractère exceptionnel ?

ANALYSE

Livre chronologique

N°	Date	Noms des comptes	A/P Ch/Pr	+/-	D/C	comptes débités	comptes crédités	D	C

Livre chronologique (suite)

TOTAL								

Grand-livre des comptes

D(+)	Caisse	C(-)
(0) 2.500.000		

D(+)	Charges d'exploitation	C(-)

D(+)	Titres	C(-)
(0) 800.000		

D(-)	Produits d'exploitation	C(+)

D(+)	Stock de Marchandises	C(-)
(0) 1.250.000		

D(+)	Charges exceptionnelles	C(-)

D(-)	Capital	C(+)
		(0) 5.000.000

D(-)	Produits exceptionnelles	C(+)

D(+)	Banque	C(-)
(0) 500.000		

D(+)	Charges financières	C(-)

D(-)	Produits financiers	C(+)

Livre chronologique

N°	Date	Noms des comptes	A/P Ch/Pr	+/-	D/C	comptes débités	comptes crédités	D	C
1		Charges exploitation	Ch	+	D	Charges exploitation		100.000	
		Banque	A	-	C		Banque		100.000
2		Charges exploitation	Ch	+	D	Charges exploitation		25.000	
		Caisse	A	-	C		Caisse		25.000
3		Caisse	A	+	D	Caisse		185.000	
		Titres	A	-	C		Titres		100.000
		Produits exceptionnels	Pr	+	C		Produits exceptionnels		85.000
4		Charges exceptionnelles	Ch	+	D	Charges exceptionnelles		50.000	
		Marchandises	A	-	C		Marchandises		50.000
5		Charges exploitation	Ch	+	D	Charges exploitation		35.000	
		Caisse	A	-	C		Caisse		35.000

Livre chronologique (suite)

6		Banque	A	+	D	Banque		3.000	
		Produits financiers	Pr		C		Produits financiers		3.000
7		Charges exploitation	Ch	+	D	Charges exploitation		15.000	
		Banque	A	-	C		Banque		15.000
8		Charges exceptionnelles	Ch	+	D	Charges exceptionnelles		3.000	
		Caisse	A	-	C		Caisse		3.000
9		Charges exploitation	Ch	+	D	Charges exploitation		2.500	
		Caisse	A	-	C		Caisse		2.500
10		Charges exploitation	Ch	+	D	Charges exploitation		5.000	
		Banque	A	-	C		Banque		5.000
11		Charges exploitation	Ch	+	D	Charges exploitation		20.000	
		Caisse	A	-	C		Caisse		20.000

Livre chronologique (suite)

12		Produits exploitation	Pr	+	C	Banque		13.000	
		Banque	A	+	D		Produits exploitation		13.00
13		Charges exploitation	Ch	+	D	Charges exploitation		2.000	
		Caisse	A	-	C		Caisse		2.000
14		Banque	A	+	D	Banque		7.000	
		Produits financiers	Pr	+	C		Produits financiers		7.000
15		Banque	A	+	D	Banque		75.000	
		Produits exploitation	Pr	+	C		Produits exploitation		75.000
		TOTAL						540.500	540.500

Grand-livre des comptes

D(+)	Caisse		C(-)
	500.000	(2)	25.000
(3)	185.000	(5)	35.000
		(8)	3.000
		(9)	2.500
		(11)	20.000
		(13)	2.000
T	685.000	T	87.500

D(-)	Capital		C(+)
			5.000.000
		T	5.000.000

D(+)	Titres		C(-)
	800.000	(3)	100.000
T	800.000	T	100.000

D(+)	Charges d'exploitation		C(-)
(1)	100.000		
(2)	25.000		
(5)	35.000		
(7)	15.000		
(9)	2.500		
(10)	5.000		
(11)	20.000		
(13)	2.000		
T	204.500		

D(+)	Marchandises		C(-)
	1.200.000	(4)	50.000
T	1.200.000	T	50.000

D(-)	Produits d'exploitation		C(+)
		(12)	13.000
		(15)	75.000
		T	88.000

D(+)	Banque		C(-)
	2.500.000	(1)	100.000
(6)	3.000	(7)	15.000
(12)	13.000	(10)	5.000
(14)	7.000		
(15)	75.000		
T	2.598.000	T	120.000

D(+)	Charges exceptionnelles		C(-)
(4)	50.000		
(8)	3.000		
T	53.000		

D(-)	Produits financiers		C(+)
		(6)	3.000
		(14)	7.000
		T	10.000

D(-)	Produits exceptionnels		C(+)
		(3)	85.000
		T	85.000

D(+)	Charges financières		C(-)

Résumé : Comptabilisation des résultats

Les charges et les produits engendrés par les opérations effectuées normalement pendant l'exercice dans le cadre de l'activité principale ou accessoire de l'entreprise sont dits charges et produits d'exploitation.

Les charges et les produits propres aux opérations financières feront l'objet d'un enregistrement dans les comptes de charges et de produits financiers.

Les autres charges et produits seront imputés dans les comptes de charges et produits exceptionnels à savoir les charges et produits qui ne concernent ni l'exploitation ni les opérations financières

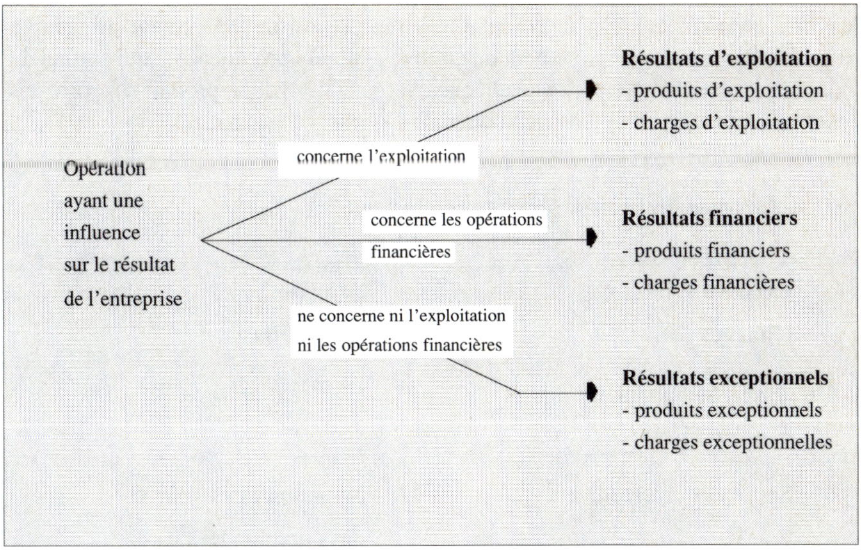
Opération
ayant une
influence
sur le résultat
de l'entreprise
concerne l'exploitation
concerne les opérations
financières
ne concerne ni l'exploitation
ni les opérations financières
Résultats d'exploitation
- produits d'exploitation
- charges d'exploitation
Résultats financiers
- produits financiers
- charges financières
Résultats exceptionnels
- produits exceptionnels
- charges exceptionnelles

Dans un but statistique et d'information des utilisateurs internes et externes des états comptables, le plan comptable belge prévoit un éclatement du compte général «charges» et un éclatement du compte général «produits», ce qui permet de connaître exactement la nature de chaque charge et de chaque produit supporté par l'entreprise au cours de l'exercice comptable étudié.

Cette subdivision se présente comme suit :

Classe 6 : **Charges** (2)	**Classe 7 :** **Produits** (2)
60. Approvisionnements et marchandises	70. Chiffre d'affaires
61. Services et biens divers	71. Variation des stocks et des commandes en cours d'exécution
62. Rémunérations, charges sociales et pensions	72. Production immobilisée
63. Amortissements, réductions de valeur et provisions pour risques et charges	
64. Autres charges d'exploitation	74. Autres produits d'exploitation
65. Charges financières	75. Produits financiers
66. Charges exceptionnelles	76. Produits exceptionnels
67. Impôts sur le résultat	77. Régularisation d'impôts et reprises de provisions fiscales
68. Transferts aux réserves immunisées	78. Prélèvements sur les réserves immunisées
69. Affectations et prélèvements	79. Affectations et prélèvements

2. Seuls les comptes à deux chiffres sont repris ci-dessus. Les autres subdivisions seront étudiées ultérieurement (section 4 du présent chapitre).

Exemple

1. L'entreprise «W» achète des marchandises pour un montant de 100.000 F - paiement par caisse
2. Elle paie des frais de transport par banque pour livraison de marchandises : 12.000 F
3. Elle paie la note d'électricité : 15.000 F par caisse
4. Elle vend des marchandises au client «Y» pour un montant de 200.000 F - paiement par CCP
5. La banque crédite son compte d'intérêts : 5.000 F
6. Elle achète des emballages commerciaux : 13.000 F - paiement par CCP
7. Elle vend des marchandises pour un montant de 85.000 F - paiement à 3 mois
8. Elle bénéficie d'un rabais de 5.000 F auprès d'un fournisseur
9. Elle paie l'impôt sur le résultat : 30.000 F par caisse
10. Elle paie ses ouvriers : 300.000 F par banque
11. Elle paie des frais de publicité : 38.000 F par banque
12. Elle paie le loyer commercial : 10.000 F par CCP
13. Elle vend des déchets : 15.000 F - paiement à 3 mois
14. Elle achète du petit outillage pour un montant de 42.000 F - paiement à 3 mois
15. Elle paie la facture du garagiste pour l'entretien du matériel roulant : 12.000 F par banque
16. Elle achète des obligations - paiement par banque : 150.000 F
17. Elle achète un camion : 900.000 F par banque
18. Elle paie une commission : 5.000 F par caisse
19. Elle reçoit le loyer de l'entrepôt loué à la société «Z» : 4.000 F par caisse
20. Elle paie des droits de douane : 6.000 F par CCP

ANALYSE

Livre chronologique

N°	Date	Noms des comptes	A/P Ch/Pr	+/-	D/C	comptes débités	comptes crédités	D	C

Livre chronologique (suite)

Livre chronologique (suite)

TOTAL									

Grand-livre des comptes

D(+) 60 Approvisionnements et marchandises C(-)

D(+)	C(-)

D(+) 57 Caisse C(-)

D(+)	C(-)
1.000.000	

D(+) 61 Services et biens divers C(-)

D(+)	C(-)

D(+) 55 Banque C(-)

D(+)	C(-)
2.000.000	

D(+) 62 Rémunérations, charges sociales et pensions C(-)

D(+)	C(-)

D(+) 56 CCP C(-)

D(+)	C(-)
1.500.000	

D(+) 64 Autres charges d'exploitation C(-)

D(+)	C(-)

D(-) 70 Chiffres d'affaires C(+)

D(-)	C(+)

D(-) 74 Autres produits d'exploitation C(+)

D(-)	C(+)

D(-) 75 Produits financiers C(+)

D(-)	C(+)

D(+)52 Titres à revenus fixesC(-) D(+) 40 Clients C(-)

D(+) 24 Matériel roulant C(-) D(-) 44 Fournisseurs C(+)

D(+)67 Impôts sur le résultatC(-)

Solution

Livre chronologique

N°	Date	Noms des comptes	A/P Ch/Pr	+/-	D/C	comptes débités	comptes crédités	D	C
1		Approvision[t] et marchandises	Ch	+	D	Approvision[t] et marchandises		100.000	
		Caisse	A	-	C		Caisse		100.000
2		Services et biens divers	Ch	+	D	Services et biens divers		12.000	
		Banque	A	-	C		Banque		12.000
3		Services et biens divers	Ch	+	D	Services et biens divers		15.000	
		Caisse	A	-	C		Caisse		15.000
4		CCP	A	+	D	CCP		200.000	
		Chiffres d'affaires	Pr	+	C		Chiffre d'affaires		200.000
5		Banque	A	+	D	Banque		5.000	
		Produits financiers	Pr	+	C		Produits financiers		5.000

Livre chronologique (suite)

6		Approvision^{t} marchandises	Ch	+	D	Approvision^{t} marchandises		13.000	
		CCP	A	-	C		CCP		13.000
7		Clients	A	+	D	Clients		85.000	
		Chiffres d'affaires	Pr	+	C		Chiffre d'affaires		85.000
8		Approvision^{t} marchandises	Ch	-	C	Fournisseurs		5.000	
		Fournisseurs	P	-	D		Approvision^{t} marchandises		5.000
9		Impôts s/ le résultat	Ch	+	D	Impôts s/ l résultat		30.000	
		Caisse	A	-	C		Caisse		30.000
10		Rémun. charges soc & pensions	Ch	+	D	Rémun. charges soc & pensions		300.000	
		Banque	A	-	C		Banque		300.000
11		Services et biens divers	Ch	+	D	Services et biens divers		38.000	
		Banque	A	-	C		Banque		38.000

Livre chronologique (suite)

12		Services et biens divers	Ch	+	D	Services et biens divers		10.000	
		CCP	A	-	C		CCP		10.000
13		Clients	A	+	D	Clients		15.000	
		Autres prod. d'exploit.	Pr	+	C		Autres prod. d'exploit.		15.000
14		Services et biens divers	Ch	+	D	Services et biens divers		42.000	
		Fournisseurs	P	+	C		Fournisseurs		42.000
15		Services et biens divers	Ch	+	D	Services et biens divers		12.000	
		Banque	A	-	C		Banque		12.000
16		Titres à rev. fixes	A	+	D	Titres à rev. fixes		150.000	
		Banque	A	-	C		Banque		150.000
17		Matériel roulant	A	+	D	Matériel roulant		900.000	
		Banque	A	-	C		Banque		900.000

Livre chronologique (suite)

18		Services et biens divers	Ch	+	D	Services et biens divers		5.000	
		Caisse	A	-	C		Caisse		5.000
19		Caisse	A	+	D	Caisse		4.000	
		Autres prod. d'exploit.	Pr	+	C		Autres prod. d'exploit.		4.000
20		Autres charges d'exploit.	Ch	+	D	Autres charges d'exploit.		6.000	
		CCP	A	-	C		CCP		6.000
		TOTAL						1.947.000	1.947.000

Grand-livre des comptes

D(+)	60 Approvisionnements et marchandises		C(-)
(1)	100.000		
(6)	13.000		

D(+)	57 Caisse		C(-)
	1.000.000	(1)	100.000
(19)	4.000	(3)	15.000
		(9)	30.000
		(18	5.000

D(+)	61 Services et biens divers		C(-)
(2)	12.000		
(3)	15.000		
(11)	38.000		
(12)	10.000		
(14)	42.000		
(15)	12.000		
(18)	5.000		

D(+)	55 Banque		C(-)
	2.000.000	(2)	12.000
(5)	5.000	(10)	300.000
		(11)	38.000
		(15)	12.000
		(16)	150.000
		(17)	900.000

D(+)	62 Rémunérations, charges sociales et pensions		C(-)
(10)	300.000		

D(+)	56 CCP		C(-)
	1.500.000	(6)	13.000
(4)	200.000	(12)	10.000
		(20)	6.000

D(+)	64 Autres charges d'exploitation		C(-)
(20)	6.000		

D(-)	70 Chiffres d'affaires		C(+)
		(4)	200.000
		(7)	85.000
		(13)	15.000

D(-)	74 Autres produits d'exploitation		C(-)
		(8)	5.000
		(19)	4.000

D(-)	75 Produits financiers		C(+)
		(5)	5.000

D(+)	52 Titres à revenus fixes		C(-)
(16)	150.000		

D(+)	40 Clients		C(-)
(7)	85.000		
(13)	15.000		

D(+)	24 Matériel roulant		C(-)
(17)	900.000		

D(+)	44 Fournisseurs		C(-)
(8)	5.000		200.000
		(14)	42.000

D(+)	67 Impôts sur le résultat		C(-)
(9)	30.000		

On est ainsi arrivé au terme de l'analyse de la comptabilisation des opérations ayant une incidence sur le résultat de l'entreprise.

L'étape suivante permettra au lecteur de reconstituer le compte de résultats à partir des comptes de charges et de produits en y intégrant le mécanisme des stocks.

Exercice

Relevé des comptes au 31 décembre 1989

Immeuble	1.000.000
Matériel	500.000
Capital	1.700.000
Marchandises	500.000
Emprunt à plus d'un an	500.000
Clients	250.000
Banque	200.000
Fournisseurs	250.000
CCP	50.000
Bénéfice reporté	50.000

Etablir la situation au 31 décembre 1989.

Tenir la comptabilité de Monsieur Potier pendant l'exercice 1990 en enregistrant les opérations dans le livre chronologique et les comptes :

1. transfert de la banque à la caisse : 75.000 F
2. vente de la journée au comptant : 100.000 F - paiement par caisse
3. paiement d'un premier acompte à un fournisseur 100.000 F par caisse
4. reçu facture du garagiste pour réparation du matériel roulant 15.000 F
5. remboursé 50.000 F aux créanciers L.T. par banque
6. payé par caisse : - assurance auto 3.000 F
   - note de gaz et d'électricité 2.000 F
   - femme de ménage 1.000 F
7. un client nous retourne de la marchandise non conforme à la commande 50.000 F
8. on renvoie de la marchandise au client 60.000 F
9. achat de marchandises : 500.000 F
10. vente au comptant de 200.000 F (PR 150.000 F) - paiement par caisse
11. transfert de la caisse au CCP : 100.000 F
12. paiement à un fournisseur : 75.000 F par CCP
13. réglé par CCP l'achat d'un nouveau train de pneus pour la camionnette : 6.500F
14. le magasin a été détruit par un incendie. L'assurance couvre le sinistre à concurrence de 700.000 F. Le devis de reconstruction s'élève à 800.000 F. L'immeuble est repris dans les comptes pour 750.000 F
15. un matériel repris dans les comptes pour une valeur de 75.000 F est vendu 30.000 F lors de l'achat d'un nouveau matériel de 150.000 F. Les 30.000 F de reprise constitue un premier acompte, le solde étant payable ultérieurement.
16. l'assurance paie 700.000 F par banque
17. reçu la facture de l'entrepreneur pour la reconstruction de l'immeuble : 800.000 F
18. le propriétaire effectue une nouvelle mise de fonds par un versement en banque de 500.000 F
19. achat de marchandises : 250.000 F
20. paiement de 500.000 F à un founisseur par banque
21. transfert de la banque à la caisse : 100.000 F

22. vente à un client : 82.000 F - paiement à 60 jours fin de mois
23. paiement d'un client : 100.000 F par CCP
24. paiement par caisse de 5.000 F de loyer pour un entrepôt
25. un accident de voiture a détruit la camionnette :
    - valeur dans les comptes : 150.000 F
    - sinistre total
    - vente au comptant à un démolisseur : 10.000 F - paiement par caisse

4 PLAN COMPTABLE OU STRUCTURE DE L'INFORMATION

Jusqu'à ce stade de notre démarche, la comptabilité a traité les données qui lui étaient fournies dans un cadre informel. Il est évident qu'une comptabilité qui veut répondre adéquatement aux besoins d'informations des utilisateurs doit reposer sur une structure qui lui assurera un accès rapide et facile à l'information ainsi qu'une parfaite fiabilité.

L'entreprise construira son information en saisissant, classant et enregistrant les données de base dans un cadre formalisé qu'on appelle «plan comptable».

«L'exigence primordiale à laquelle le plan comptable d'une entreprise doit obéir est de correspondre aux besoins d'informations, d'organisation et de gestion de l'entreprise. Partie intégrante de son organisation, il doit nécessairement être le reflet des modes de gestion adoptés, sous l'angle des responsabilités internes, de la répartition des tâches et des fonctions, du calcul des prix de revient, des besoins de contrôle internes et externes».

(Extrait du rapport au Roi de l'A.R. du 7 mars 1978 déterminant la teneur et la présentation d'un plan comptable minimum normalisé).

Le plan comptable de l'entreprise sera élaboré de manière telle que le bilan et le compte de résultats procèdent sans addition ou omission de la balance des comptes établie après mise en concordance de ceux-ci avec les données d'inventaire (article 5 de l'A.R. du 8 octobre 1976).

Pratiquement, l'entreprise devra :

1. dresser un inventaire complet
2. dans le cadre du P.C.M.N., structurer les comptes qui devront être utilisés pour élaborer l'information souhaitée.

Il est évident que ce travail de structure de l'outil statistique doit être approprié à la nature de l'activité de l'entreprise (article 4 de la loi comptable).

Le plan comptable de l'entreprise :

— établit la nomenclature des comptes
— définit leur contenu
— organise leur mode de fonctionnement.

En Belgique, l'A.R. du 12 septembre 1983 (remplaçant celui du 7 mars 1978) détermine la teneur et la présentation d'un plan comptable minimum normalisé auquel les entreprises doivent se référer pour bâtir leur propre plan comptable.

STRUCTURE DU PLAN COMPTABLE

Classes 1 à 5

Comptes de bilan

Classes 6 et 7

Comptes de charges et de produits

Classes 0

Comptes d'engagements et droits de recours et des autres comptes d'ordre

Le P.C.M.N. comporte un plan de comptes utilisant la classification décimale. Ce plan est divisé en 10 classes numérotées de 0à 9. Chaque classe est subdivisée en comptes de niveaux successifs de plus en plus détaillés, identifiés par des numéros à 2, 3, 4, ... chiffres.

On pourrait ainsi avoir :

22 Terrains et constructions

- 220 Terrains
- 221 Constructions
  - 2210 Bâtiments industriels
  - 2211 Bâtiments administratifs et commerciaux
    - 22110 Bâtiments administratifs
    - 22111 Bâtiments commerciaux
      - 221110 Bâtiments commerciaux implantés en Wallonie
      - 221111 Bâtiments commerciaux implantés en Flandre
      - 221112 Bâtiments commerciaux implantés à Bruxelles

Chaque classe récapitule les comptes suivants :

Classe	Intitulé de la classe
1	Comptes de fonds propres, de provisions pour risques et charges et de dettes à plus d'un an
2	Comptes de frais d'établissement, d'actifs immobilisés et créances à plus d'un an
3	Comptes de stocks et commandes en cours d'exécution
4	Comptes de créances et dettes à un an au plus
5	Placements de trésorerie et valeurs disponibles
6	Comptes de charges
7	Comptes de produits
8	-
9	-
0	Droits et engagements hors bilan

Le plan comptable minimum normalisé se trouve en annexe du présent ouvrage.

5 DETERMINATION DU RESULTAT

Au fur et à mesure de l'activité de l'entreprise, les éléments influençant les résultats ont été imputés aux compte de :

1. *charges* par nature (6)
2. *produits* par nature (7)
3. *impôts* (67)

En fin d'exercice comptable, l'entreprise établit son compte de résultats de manière EXTRA-COMPTABLE

Il est dressé à partir des données comptables mais son établissement n'entraîne :

- AUCUNE ECRITURE au livre-journal (1)
- AUCUN MOUVEMENT au grand-livre des comptes.

Ce compte de résultats est un *tableau* qui détaille :

- le résultat d'exploitation
- le résultat financier
- le résultat exceptionnel
- les impôts et taxes.

(1) Le livre-journal est une forme condensée du livre chronologique. Il est utilisé dans les comptabilités réelles.

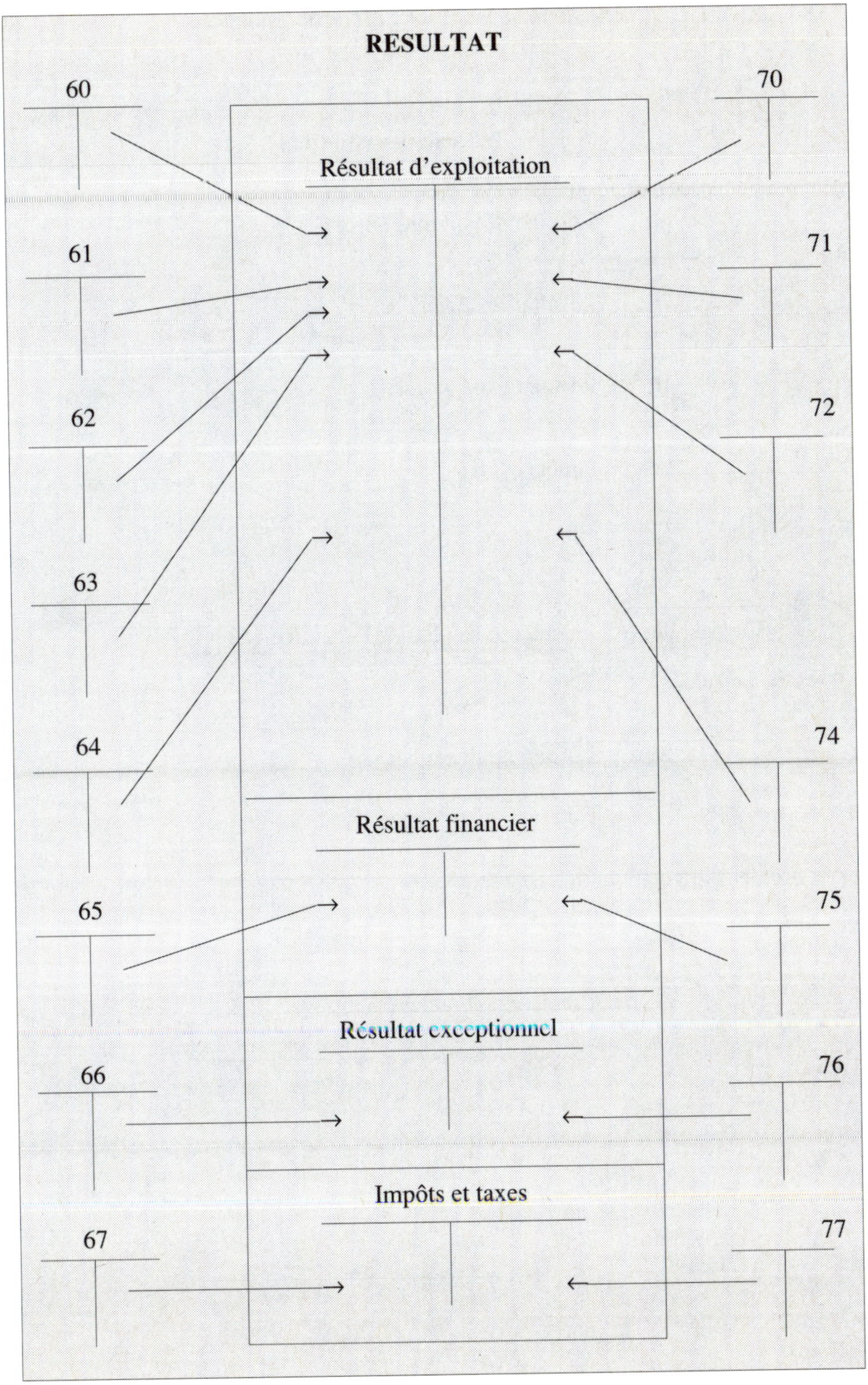
RESULTAT
60
70
Résultat d'exploitation
61
71
62
72
63
64
74
Résultat financier
65
75
Résultat exceptionnel
66
76
Impôts et taxes
67
77

L'entreprise connaît maintenant ses différents résultats.

Tableau des résultats

I.	Résultat d'exploitation
II.	Résultat financier
III.	Résultat exceptionnel
IV.	Impôts et taxes

Elle peut dès lors calculer le résultat de l'exercice

V.	Résultat de l'exercice

et en décider l'affectation

VI.	Affectation et prélèvements

SCHEMA DU COMPTE DE RESULTATS

prévu par l'A.R. du 12 septembre 1983 (présentation sous la forme de compte)

Résultat d'exploitation

CHARGES

II. Coût des ventes et des prestations
- A. Approvisionnements et marchandises
  - 1. Achats
  - 2. Variation des stocks (augmentation -, réduction +)
- B. Services et biens divers
- C. Rémunérations, charges sociales et pensions
- D. Amortissements et réductions de valeur sur frais d'établissement, sur immobilisations incorporelles et corporelles
- E. Réductions de valeur sur stocks, sur commandes en cours d'exécution et sur créances commerciales (dotation +, reprises -)
- F. Provisions pour risques et charges (dotation +, utilisations et reprises -)
- G. Autres charges d'exploitation

PRODUITS

I. Ventes et prestations
- A. Chiffre d'affaires
- B. Variation des en-cours de fabrication, des produits finis et des commandes en-cours d'exécution (augmentation +, réduction -)
- C. Production immobilisée
- D. Autres produits d'exploitation

Résultat financier

Charges	Produits
V. Charges financières	IV. Produits financiers
A. Charges des dettes	A. Produits des immobilisations financières
B. Réductions de valeur sur actifs circulants autres que ceux visés sub II.E. (dotations +, reprises -)	B. Produits des actifs circulants
C. Autres charges financières	C. Autres produits financiers

Résultat exceptionnel

Charges	Produits
VIII. Charges exceptionnelles	VII. Produits exceptionnels
A. Amortissements et réductions de valeur exceptionnels sur frais d'établissement, sur immobilisations incorporelles et corporelles	A. Reprises d'amortissements et de réductions de valeur sur immobilisations incorporelles et corporelles
B. Réductions de valeur sur immobilisations financières	B. Reprises de réductions de valeur sur immobilisations financières
C. Provisions pour risques et charges exceptionnels	C. Reprises de provisions pour risques et charges exceptionnels
D. Moins-values sur réalisation d'actifs immobilisés	D. Plus-values sur réalisations d'actifs immobilisés
E. Autres charges exceptionnelles	E. Autres produits exceptionnels

Impôts sur le résultat

X. A. Impôts	X. B. Régularisation d'impôts et reprises de provisions fiscales

Résultat de l'exercice

XI. Bénéfice de l'exercice	XI. Perte de l'exercice

Transfert aux réserves immunisées

XII. Transfert aux réserves immunisées	XII. Prélèvements sur les réserves immunisées

Résultat de l'exercice à affecter

XIII. Bénéfice de l'exercice à affecter	XIII. Perte de l'exercice à affecter

Affectations et prélèvements

A. Bénéfice (Perte) à affecter
   1. Bénéfice (Perte) de l'exercice à affecter
   2. Bénéfice reporté (Perte reportée) de l'exercice précédent
B. Prélèvements sur les capitaux propres
   1. sur le capital et les primes d'émission
   2. sur les réserves
C. Affectation aux capitaux propres
   1. au capital et aux primes d'émission
   2. à la réserve légale
   3. aux autres réserves

D. Résultat à reporter
   1. Bénéfice à reporter
   2. Perte à reporter
E. Intervention d'associés dans la perte
F. Bénéfice à distribuer
   1. Rémunération du capital (a)
   2. Administrateurs ou gérants (a)
   3. Autres allocataires (a)

(a). Uniquement dans les sociétés à responsabilité limitée de droit belge.

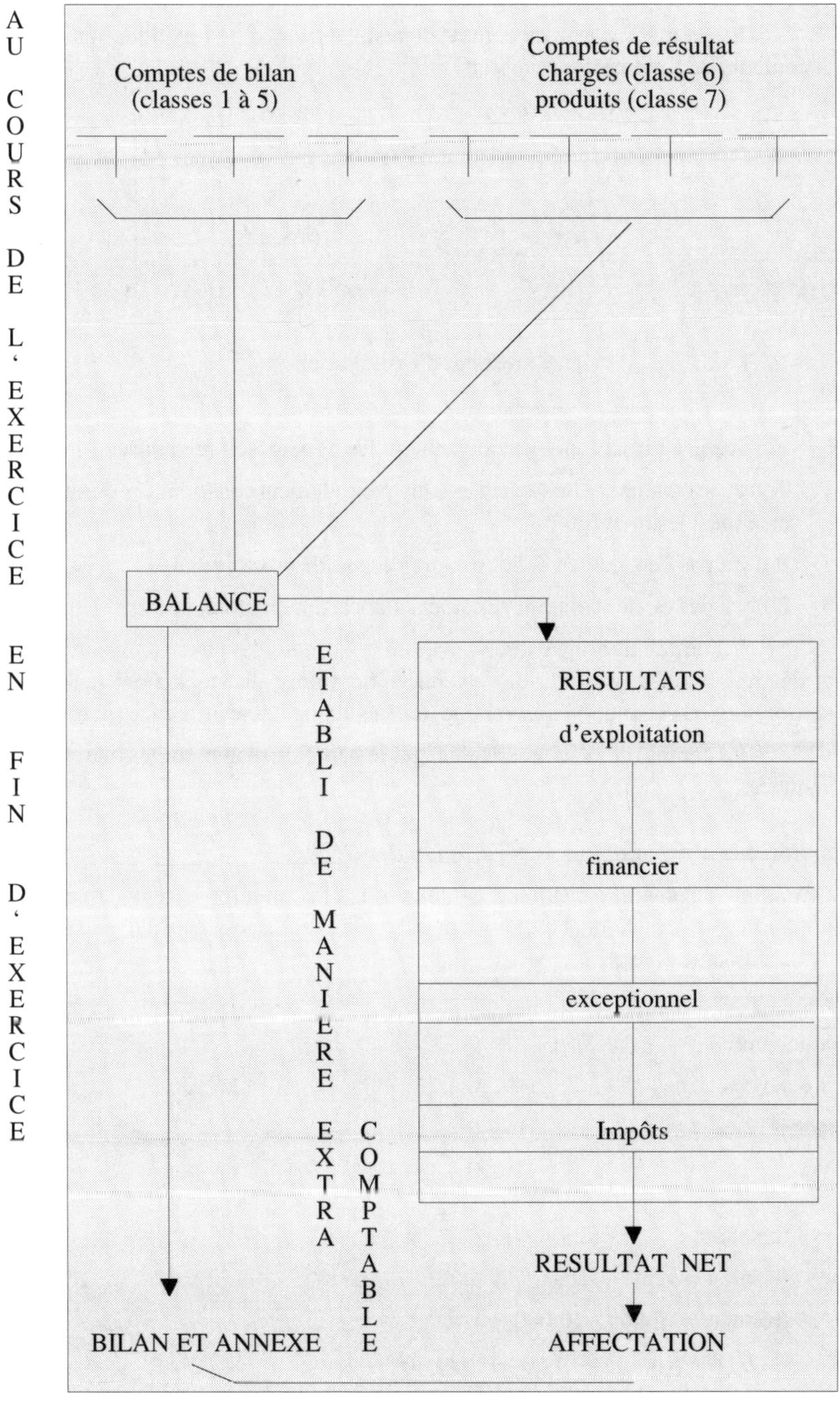
AU COURS DE L'EXERCICE
EN FIN D'EXERCICE
Comptes de bilan
(classes 1 à 5)
Comptes de résultat
charges (classe 6)
produits (classe 7)
BALANCE
ETABLI DE MANIERE EXTRA COMPTABLE
RESULTATS
d'exploitation
financier
exceptionnel
Impôts
RESULTAT NET
BILAN ET ANNEXE
AFFECTATION

Incidence des variations de stocks sur le résultat d'exploitation (2)

La première partie du compte de résultats concerne l'exploitation normale et courante de l'entreprise et reprend :

Résultat d'exploitation	
charges	produits
résultat d'exploitation	

Jusqu'à présent, nous avions retenu les hypothèses suivantes :

1) Toutes les marchandises achetées sont intégralement consommées durant l'exercice (pas de stock final).
2) Il n'y a pas de stock en début d'exercice (pas de stock initial).
3) Il n'y a pas eu de variation des stocks (stock final = stock intial).

Si l'on débute notre exercice avec un stock, nous devons en tenir compte dans la détermination du résultat de l'exercice. La valeur du stock final (achats non consommés ou production non vendue) aura également une influence sur le résultat.

Le compte de résultat doit dégager le bénéfice réalisé sur les marchandises vendues.

a. Résultat d'exploitation sans variation des stocks

Ce compte dégagera le résultat d'exploitation, à la condition expresse que l'entreprise ait vendu exactement toutes les marchandises achetées et qu'il n'y ait donc pas de variation de stocks.

Par exemple, si :

Stock initial :	0
Stock final :	0
Achat :	10.000
Vente :	12.000

a) Résultat :

Résultat = vente - achat

Résultat = 12.000 - 10.000 = 2.000

(2) Par hypothèse, il n'y a pas d'autres charges ni produits.

b) Présentation

Résultat d'exploitation	
achats 10.000	ventes 12.000
bénéfice d'exploitation = 2.000	

b. Résultat d'exploitation avec variation des stocks

Supposons maintenant que l'entreprise présente la situation suivante :

Hypothèse 1		**Hypothèse 2**	
stock initial	1.000	stock inital	1.250
stock final	1.500	stock final	1.000
achat	10.000	achat	10.000
vente	12.000	vente	12.000

Résultat = vente - prix de revient des marchandises vendues
= Vente - (stock initial + achats - stock final)
= vente - achats + stock final - stock initial
= vente - achats + (stock final - stock initial)
= vente - achats ± variation des stocks (3)

Hypothèse 1	Hypothèse 2
R = 12.000 - 10.000 + (1.500 - 1.000)	R = 12.000 - 10.000 + (1.000 - 1.250)
= 12.000 - 10.000 + 500	= 12.000 - 10.000 - 250
= 2.500	= 1.750

(3) Dans un compte de résultats complet avec d'autres charges et produits, vente-achat ± variation des stocks sera appelée marge brute sur vente.

L'objectif du P.C.M.N. est de présenter d'une part, *le chiffre d'affaires*, d'autre part, *le prix de revient des marchandises vendues*, afin de dégager *la marge d'exploitation* de l'entreprise.

Résultat d'exploitation

prix de revient des marchandises vendues	chiffre d'affaires
marge d'exploitation	

La variation des stocks de marchandises est considérée comme une augmentation ou une diminution des achats de marchandises. Cette variation sera comptabilisée du côté des charges d'exploitation, en plus ou en moins des achats.

Une variation positive (4) implique une diminution des charges d'exploitation et s'inscrit *en moins* des achats.

En effet, une variation positive signifie que l'entreprise a, au cours de l'exercice écoulé, fait des achats trop importants pour la satisfaction de ses besoins. Ces biens ne seront donc utilisés qu'au cours de l'exercice suivant ; il serait donc anormal d'en tenir compte dans le calcul du résultat de l'exercice à clôturer. C'est la raison pour laquelle cette variation positive se soustrait du montant des achats.

Le raisonnement inverse peut être tenu pour une variation négative du stock de marchandises. Dans ce cas, en effet, l'entreprise n'ayant pas fait les achats suffisants pour satisfaire ses besoins, a dû puiser sur le stock restant de l'exercice précédent. On devra donc l'ajouter aux charges d'exploitation.

Une variation négative implique donc une augmentation des charges d'exploitation et s'inscrit *en plus* des achats.

Résultat d'exploitation

Achats	Ventes
Variation des stocks	
positive → -	
négative → +	

(4) Une variation possitive sera obtenue si le stock final est supérieur au stock initial.

Résultats d'exploitation

achats	10.000	C.A.	12.000
Δ de stock	- 500		
	9.500		12.000
résultat	2.500		

Résultats d'exploitation

achats	10.000	C.A.	12.000
Δ de stock	+ 250		
	10.250		2.000
résultat	1.750		

Il s'ensuit que le compte de bilan Marchandises ne sera PAS MOUVEMENTE pendant l'exercice comptable (sauf en cas de vol ou de destruction).

Au cours de l'exercice, les achats seront enregistrés dans un compte de charges et les ventes seront également enregistrées dans un compte de produits.

Le stock initial sera donné par le débit du compte de bilan «marchandises» à l'ouverture de l'exercice. Quant au stock final, sa valeur déterminée sur base d'inventaire, se retrouvera dans le bilan de clôture de l'exercice étudié.

En fin d'exercice, il faut donc :

1. déterminer la variation des stocks
2. retrouver, dans le compte «marchandises» la valeur du stock final qui représente l'«avoir» de marchandises à la clôture de l'exercice.

Pour ce faire, on procèdera comme suit :

Puisque la variation des stocks a une incidence sur le résultat, elle sera imputée dans un compte de résultats.

Une entreprise possède deux grandes catégories de stocks

1. Des stocks acquis auprès de tiers telles que les matières premières, les fournitures et les marchandises.
2. Des stocks produits par l'entreprise, tels que les en-cours de fabrication et les produits finis.

La variation des stocks acquis auprès de tiers sera comptabilisée dans un compte de *charges* (609 Variation des stocks) de telle sorte que seuls les achats consommés influencent le résultat de l'exercice.

Par contre, la variation des stocks produits par l'entrepise sera comptabilisée dans un compte de produits (71 Variation des stocks).

Une variation positive du stock de produits finis signifie que l'entreprise, grâce à l'ensemble des charges mises en oeuvre au cours de l'exercice comptable, outre la production nécessaire à satisfaire la demande, a réussi à se créer un «chiffre d'affaires» potentiel. Cet accroissement de stock est à assimiler aux produits de l'exercice à clôturer.

Dans le cas inverse, l'entreprise a dû puiser dans le stock qui lui vient de l'exercice précédent pour réaliser le montant de ses ventes. Cette variation négative du stock est à soustraire du chiffre d'affaires.

- en fin d'exercice :

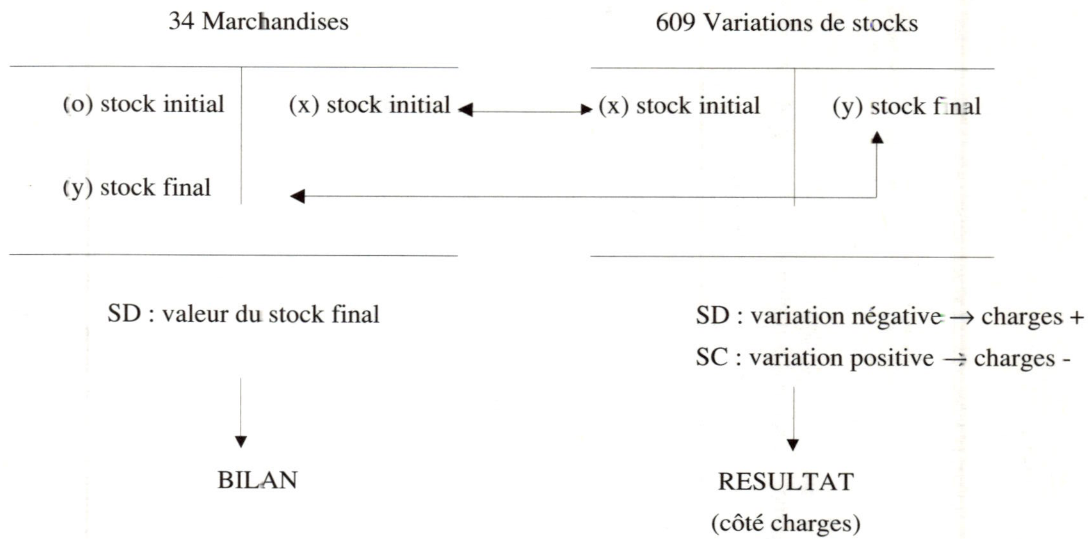

Au début de l'exercice :

33 Produits finis	
stock initial	

En fin d'exercice :

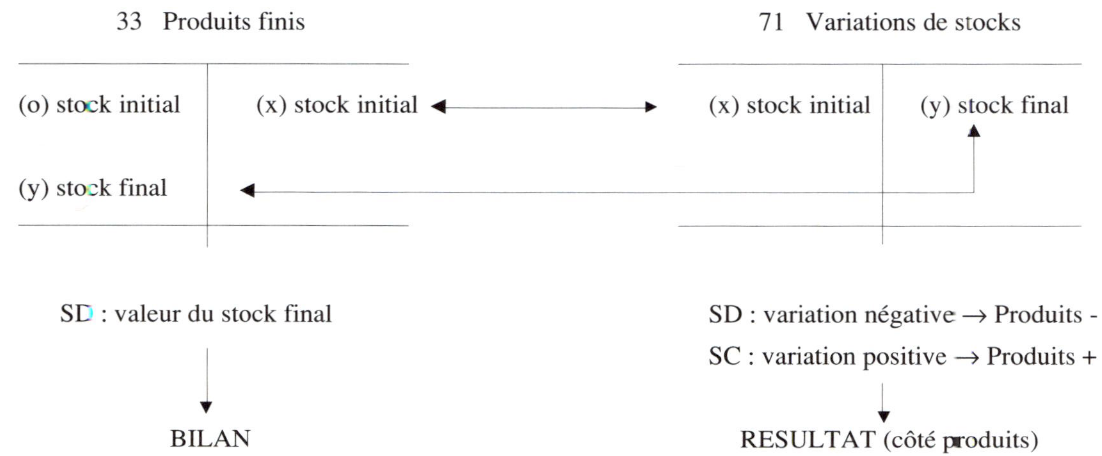

Le compte 71 Variation des stocks sera imputé avec les autres comptes de produits au compte de résultat d'exploitation.

Comme il apparaît à travers les exemples donnés ci-dessus, le résultat d'exploitation sera affecté non seulement par les achats et les ventes mais également par les variations de stocks (stock final - stock initial).

Le résultat d'exploitation sera diminué des achats qui constituent une charge pour l'entreprise ; les ventes se retrouveront en augmentation du «résultat d'exploitation». Quant à la variation de stocks, elle se retrouvera comme suit au compte de résultats :

Résultat d'exploitation

A. Marchandises, matières premières, matières consommables et fournitures	A. Chiffre d'affaires
1. Achats	B. Variation des stocks de produits finis et déchets et des travaux en cours
2. Variation des stocks variation + → - variation - → +	variation + → + variation - → -
Autres charges	Autres produits

Résultat d'exploitation
→ charges > produits = perte d'exploitation
→ charges < produits = bénéfice d'exploitation

Résumé : Le résultat de l'exercice

En calculant la différence entre le total des charges d'exploitation et le total des produits d'exploitation, on détermine le résultat d'exploitation.

Ce résultat se révèlera être un profit si le total des produits est supérieur au total des charges ; dans l'hypothèse inverse, on aura une perte d'exploitation.

Le résultat d'exploitation (bénéfice ou perte) exprime bien le résultat de l'activité qui constitue l'objet social de l'entreprise.

On procédera de la même manière pour dégager les autres résultats (résultat financier, résultat exceptionnel) - perte ou bénéfice - qui résultent d'événements qui n'ont rien à voir avec l'exploitation proprement dite.

Le résultat final de l'entreprise sera :

— une perte si la somme algébrique des résultats d'exploitation, financier et exceptionnel et des impôts s'avèrent déficitaires
— un bénéfice sera obtenu dans le cas contraire.

Le «Résultat de l'exercice» n'apparaît pas au bilan car ce dernier est établi après répartition, c'est-à-dire compte tenu des décisions d'affectation du solde du compte de résultats de l'exercice et du résultat reporté.

(A.R. - article 11)

Exercice :

L'entreprise «W» possède 3.500.000 F en caisse.

1. L'entreprise «W» paie le 7 novembre 100.000 F de loyer commercial - par caisse
2. Le 8 novembre, l'entreprise achète des marchandises pour 2.000.000 F - paiement à 3 mois
3. Le 9 novembre, l'entreprise achète du matériel roulant pour 400.000 F - par caisse
4. Le 10 novembre, elle vend au comptant 2.500.000 F de marchandises - paiement par caisse
5. Le 11 novembre, elle paie 1.500.000 F à un fournisseur, par caisse
6. Le 12 novembre, elle emprunte 4.000.000 F (le montant est versé en banque) Echéance à 3 ans
7. Le 13 novembre, elle paie des frais de publicité : 150.000 F par banque
8. Le 14 novembre, elle paie par banque différents frais de voyage et de représentation : 350.000 F
9. Le 15 novembre, elle transfère 1.000.000 F de la banque au CCP
10. Le 16 novembre, elle achète pour 700.000 F de marchandises - paiement à 3 mois
11. Le 17 novembre, elle vend des marchandises pour 900.000 F - paiement à 3 mois

Question

Passez les écritures dans le livre chronologique et les comptes.

Etablissez le compte de résultat d'exploitation sachant que le stock de départ était nul et que les données de l'inventaire donnent un stock final de 500.000 F.

ANALYSE

Livre chronologique

N°	Date	Noms des comptes	A/P Ch/Pr	+/-	D/C	comptes débités	comptes crédités	D	C

Livre chronologique (suite)

TOTAL									

Grand-livre des comptes

61 Services et biens divers	

57 Caisse	
3.500.000	

60 Approvisonnements et marchandises	

44 Fournisseurs	

70 Chiffre d'affaires	

23 Matériel	

34 Marchandises	

55 Banque	

609 Variation des stocks	

17 Dettes à plus d'un an	

56 CCP	

40 Clients	

Livre chronologique (pour l'écriture de variation des stocks)

N°	Date	Noms des comptes	A/P Ch/Pr	+/-	D/C	comptes débités	comptes crédités	D	C
		TOTAL							

Résultat d'exploitation

Charges	**Produits**

Solution

Livre chronologique

N°	Date	Noms des comptes	A/P Ch/Pr	+/-	D/C	comptes débités	comptes crédités	D	C
1	7.11	Services et biens divers	Ch	+	D	Services et biens divers		100.000	
		Caisse	A	-	C		Caisse		100.000
2	8.11	Approvision[t] et marchandises	Ch	+	D	Approvision[t] et marchandises		2.000.000	
		Fournisseurs	P	+	C		Fournisseurs		2.000.000
3	9.11	Matériel	A	+	D	Matériel		400.000	
		Caisse	A	-	C		Caisse		400.000
4	10.11	Caisse	A	+	D	Caisse		2.500.000	
		Chiffre d'affaires	Pr	+	C		Chiffre d'affaires		2.500.000
5	11.11	Fournisseurs	P	-	D	Fournisseurs		1.500.000	
		Caisse	A	-	C		Caisse		1.500.000
6	12.11	Banque	A	+	D	Banque		4.000.000	
		Dettes à + d'un an	P	+	C		Dettes à + d'un an		4.000.000

Livre chronologique (suite)

7	13.11	Services et biens divers	Ch	+	D	Services et biens divers		150.000	
		Banque	A	-	C		Banque		150.000
8	14.11	Services et biens divers	Ch	+	D	Services et biens divers		350.000	
		Banque	A	-	C		Banque		350.000
9	15.11	CCP	A	+	D	CCP		1.000.000	
		Banque	A	-	C		Banque		1.000.000
10	16.11	Approvision[t] et marchandises	Ch	+	D	Approvision[t] et marchandises		700.000	
		Fournisseurs	P	+	C		Fournisseurs		700.000
11	17.11	Clients	A	+	D	Clients		900.000	
		Chiffre d'affaires	Pr	+	C		Chiffre d'affaires		900.000
12	31/12	Marchandises	A	+	D	Marchandises		500.000	
		Variation des stocks	Ch	-	C		Variation des stocks		500.000
		TOTAL						14.100.000	14.100.000

Solution

Grand livre des comptes

D(+)	61 Services et biens divers		C(-)
(1)	100.000		
(7)	150.000		
(8)	350.000		
T	600.000		

D(+)	57 Caisse		C(-)
	3.500.000	(1)	100.000
(4)	2.500.000	(3)	400.000
		(5)	1.500.000
T	6.000.000	T	2.000.000

D(+)	60 Approvision[t] et marchandises		C(-)
(2)	2.000.000		
(10)	700.000		
T	2.700.000		

D(-)	40 Fournisseurs		C(+)
(5)	1.500.000	(2)	2.000.000
		(10)	700.000
T	1.500.000	T	2.700.00

D(-)	70 Chiffre d'affaires		C(+)
		(4)	2.500.000
		(11)	900.000
		T	3.400.000

D(+)	23 Matériel		C(-)
(3)	400.000		
T	400.000		

D(+)	34 Marchandises		C(-)
(12)	500.000		
T	500.000		

D(+)	55 Banque		C(-)
(6)	4.000.000	(7)	150.000
		(8)	350.000
		(9)	1.000.000
T	4.000.000	T	1.500.000

D(+)	609 Variation de stock		C(-)
		(12)	500.000
		T	500.000

D(-)	17 Dettes à plus d'un an		C(+)
		(6)	4.000.000
		T	4.000.000

D(+)	56 CCP		C(-)
(9)	1.000.000		
T	1.000.000		

D(+)	40 Clients		C(-)
(11)	900.000		
T	900.000		

Résultat d'exploitation

II. Coût des ventes et des prestations		I. Ventes et prestations	
A. Approvisionnements et marchandises		A. Chiffre d'affaires	3.400.000
1. Achats	2.700.000		
2. Variation des stocks	- 500.000		
	2.200.000		
B. Services et biens divers	600.000		
	2.800.000		
Bénéfice d'exploitation	600.000		
	3.400.000		3.400.000

Exercice

1. Achat de marchandises - paiement par caisse : 15.000 F
2. Vente de marchandises - paiement à 3 mois : 25.000 F
3. Paiement par banque de la prime d'assurance : 2.500 F
4. Paiement par CCP des salaires et appointements : 100.000 F
5. Réalisation de titres qui se trouvaient dans le portefeuille : 75.000 F par CCP (valeur comptable des titres : 80.000 F)
6. Paiement de la note d'eau et de gaz par caisse : 12.000 F
7. Paiement des frais de transport du personnel par banque : 4.000 F
8. La banque crédite notre compte d'intérêts de dépôts à terme : 6.000 F
9. Paiement de taxes diverses : 40.000 F par banque
10. Achat d'affiches pour la publicité : 15.000 F par banque
11. Paiement de charges de sécurité sociale par caisse : 50.000 F
12. Achat de fournitures de bureau : 7.000 F par banque
13. Reçu par banque des produits divers : 75.000 F
14. Rabais accordé au client : 2.000 F
15. Un client tombe en faillite ; montant de la facture : 8.000 F. La créance est irrécupérable dans son entièreté
16. Remboursement des frais de déplacement du représentant : 2.000 F par banque
17. Perception du loyer du magasin loué à Monsieur X : 10.000 F par CCP
18. Vente de marchandises au comptant - paiement par caisse : 85.000 F
19. Vente de l'entrepôt : 100.000 F (valeur comptable 150.000 F) - paiement par banque
20. Achat de marchandises - paiement à 3 mois : 175.000 F

Enregistrez les opérations dans le livre chronologique et dans le grand livre des comptes.

Exercice

10	Capital	7.750.000
17	Dettes à plus d'un an	2.000.000
22	Terrains et constructions	10.000.000
24	Matériel	500.000
34	Marchandises	1.000.000
400	Clients	3.100.000
416	Débiteurs divers	500.000
440	Fournisseurs	5.000.000
55	Banque	3.000.000
560	CCP	750.000
578	Caisse - Timbres	50.000
604	Achats	15.000.000
6131	Assurances non relatives au personnel	350.000
6132	Rétributions de tiers - divers	200.000
6133	Transports et déplacements	500.000
620	Appointements et salaires	50.000
621	Cotisations patronales ONSS	100.000
624	Cotisations au fonds des pensions	75.000
64	Autres charges d'exploitation	60.000
65	Charges financières	300.000
66	Charges exceptionnelles	70.000
70	Ventes (chiffres d'affaires)	20.000.000
74	Autres produits d'exploitation	180.000
75	Produits financiers	75.000
76	Produits exceptionnels	600.000

Sachant que le stock final de marchandises est de 5.000.000, on demande de déterminer le résultat.

6 TECHNIQUE DE LA PROCEDURE D'ENREGISTREMENT

6.1 Le compte

Dans la section 2, on a défini le compte par un tableau à partie double, qui relève les opérations comptables ayant un caractère commun.

La colonne de gauche du tableau est la colonne des débits, tandis que la colonne de droite est, par convention, la colonne des crédits.

6.1.1 Types de comptes :

On distingue trois types principaux de comptes : les comptes de bilan, les comptes de gestion ou de résultat et les comptes de droits et d'engagements hors bilan.

6.1.1.1 *les comptes de bilan*

sont des comptes qui enregistrent les différents éléments constituant tant l'actif (utilisations de capitaux) que le passif (sources de capitaux) de l'entreprise.

6.1.1.2 *les comptes de gestion ou de résultat*

enregistrent tous les éléments qui sont de nature à influencer le résultat de l'entreprise.

Les éléments favorables au résultat s'appellent les produits (ventes, etc...), tandis que les éléments défavorables s'intitulent les charges (salaires, etc...).

6.1.1.3 *les comptes de droits et d'engagements hors bilan*

reprennent les engagements pris par l'entreprise à l'égard de tiers ou par des tiers au profit de l'entreprise mais qui n'ont aucune incidence sur sa situation financière à la date de clôture.

6.1.2 le plan comptable

La prescription d'un «plan comptable» est annoncée par l'article 4, alinéas 5 et 6 de la loi du 17 juillet 1975.

> Al. 5 - «Les comptes ouverts sont définis dans un plan comptable appproprié à l'activité de l'entreprise.
>
> Ce plan comptable est tenu en permanence tant au siège de l'entreprise qu'aux sièges des services comptables importants de l'entreprise, à la disposition de ceux qui sont concernés par lui.»
>
> Al. 6 - «Le Roi détermine la teneur et la présentation d'un plan comptable minimum normalisé. Il définit le contenu et le mode de fonctionnement des comptes repris au plan normalisé.»

> L'arrêté royal précise par son article 5 : «Le plan comptable de l'entreprise doit être conçu ou ajusté de manière telle que le bilan et le compte de résultats procèdent, sans addition ou omission, de la balance des comptes établie après la mise en concordance visée à l'article 7, alinéa 2 de la loi»
>
> (mise en concordance entre les comptes et les données d'inventaires).

Pour que l'organisation de la comptabilité puisse répondre aux exigences légales, il faut prévoir les comptes qu'il est nécessaire et suffisant d'ouvrir. Cette prévision doit tenir compte, non seulement des caractéristiques de l'entreprise (dimension, activité, organisation), mais aussi des principes généraux qui régissent le processus d'enregistrement. Il faudra, non seulement établir une nomenclature de comptes, mais aussi organiser leurs relations. C'est cet ensemble que l'on appelle le plan comptable. Dans de nombreux pays, il existe un «plan-type» qui facilite considérablement le travail et standardise dans une certaine mesure les intitulés de compte. Mais cela ne résout pas nécessairement tous les problèmes ; il faudra parfois ouvrir de nouveaux comptes, pour enregistrer des opérations dont on n'avait pas prévu la survenance à l'origine.

L'arrêté royal du 7 mars 1978, modifié par celui du 12 septembre 1983, détermine la teneur et la présentation d'un plan comptable minimum normalisé.

Ce plan comptable est un cadre de référence dans lequel l'entreprise «puise» ce dont elle a besoin pour que *son* système d'information soit adapté à *son* activité; libre à elle d'ouvrir des sous-comptes qui n'apparaîtraient dans le P.C.M.N. Le P.C.M.N. prévoit des numéros sans intitulé au cas où l'entreprise n'y trouverait pas ce dont elle a besoin.

6.1.3 Fonctionnement des comptes

Avant de détailler le fonctionnement des comptes, il faut énoncer le principe de base, la règle d'équilibre fondamental du bilan *après affectation des résultats* :

> les utilisations de capitaux = les sources de capitaux
>
> ACTIF = PASSIF

De cette règle découle le principe suivant :

> Principe
>
> l'enregistrement de toute opération fait intervenir au moins deux comptes; et à un débit devra correspondre au moins un crédit.

Donc :

1. Toute augmentation d'un compte d'actif se traduit par un débit.

   Inversément, toute diminution d'un compte d'actif se caractérise par un crédit.
2. Toute augmentation d'un compte de passif se traduit par un crédit.

   Inversément, toute diminution d'un compte de passif se caractérise par un débit.
3. Toute augmentation d'un compte de charges se traduit par un débit tandis que toute diminution de charges se caractérise par un crédit (1).
4. Toute augmentation d'un compte de produits se traduit par un crédit alors que toute diminution de produits se caractérise par un débit (1).

Si l'on veut illustrer le fonctionnement des comptes dont il vient d'être question, il existe une foule de combinaisons que l'on ne saurait épuiser dans le cadre de cet exposé. Cependant, on va regrouper les opérations journalières en quelques grands types.

---

1. Des exceptions existent à ces règles générales.
   Elles seront étudiées lors de l'examen détaillé du plan comptable.

Ainsi, on peut avoir :

a. *une augmentation d'un compte d'actif compensée par une diminution d'un compte d'actif*

C'est le cas, par exemple, d'un transfert d'une certaine somme d'un compte à vue aux comptes chèques postaux. Le compte «CCP» va augmenter (il sera débité) et le compte «Banque» va diminuer (il sera crédité).

On peut constater que les principes de base qui régissent l'enregistrement comptable sont respectés : le débit est compensé par un crédit et l'équilibre fondmental du bilan est maintenu puisque le total de l'actif et le total du passif restent inchangés.

b. *une augmentation d'un compte de passif compensée par une diminution d'un compte de passif*

Par exemple, le paiement d'un fournisseur par le crédit bancaire. Le compte «banque compte courant» va augmenter (il sera crédité) et le compte de «fournisseurs» va diminuer (il sera débité).

De nouveau, on peut constater que l'enregistrement de l'opération a nécessité l'imputation à deux comptes et que l'équilibre fondamental du bilan est respecté.

c. *une augmentation d'un compte d'actif compensée par une augmentation d'un compte de passif*

C'est le cas d'un achat de matériel, dont le paiement de la facture se fait à terme. Le compte d'actif «matériel» va augmenter (il sera débité) en même temps que le compte de passif exigible «fournisseurs» (qui sera crédité).

d. *une diminution d'un compte d'actif compensé par une diminution d'un compte de passif*

Par exemple, le paiement d'une facture des fournisseurs. Le compte d'exigible «fournisseurs» va diminuer (il sera débité) en même temps que le compte d'actif «banque» ou «CCP» (qui sera crédité).

e. *une augmentation d'un compte de charges compensée par une augmentation d'un compte de passif*

Par exemple, la réception d'une commande de mazout dont la facture est payable endéans les trente jours.

Le compte de charges «Services et biens divers» va augmenter (il sera débité) et le compte d'exigible «fournisseurs», qui représente la dette de l'entreprise, va augmenter également (il sera crédité).

f. *une augmentation d'un compte de charges compensée par une diminution d'un compte d'actif*

C'est le cas, par exemple, des frais postaux, occasionnés par l'envoi de courrier.

Le compte de charges «frais de poste» sera débité par le crédit du compte d'actif «caisse».

g. *une diminution d'un compte de charges compensée par une diminution d'un compte de passif*

Par exemple, le retour pour non-conformité à la commande, de marchandises achetées à crédit.

Le compte «achats» sera crédité et le compte d'exigible «fournisseurs» sera débité.

h. *une diminution d'un compte de charges compensée par une augmentation d'un compte d'actif*

Il suffit de reprendre l'exemple précédent en posant comme hypothèse que les marchandises ont été achetées au comptant et que le fournisseur rembourse immédiatement les marchandises retournées. Dès lors, ce sera le compte «caisse» qui sera débité par le crédit du compte «achats».

i. *une augmentation d'un compte de produits compensée par une augmentation d'un compte d'actif*

Par exemple, vente de marchandises à un client. Le compte «clients» est débité par le crédit du compte de produits «ventes».

j. *une diminution d'un compte de produits compensée par une diminution d'un compte d'actif*

C'est le cas, après une vente à terme, d'un retour de marchandises pour non conformité. Le compte d'actif «clients» est crédité parce qu'il diminue tandis que le compte de produits «ventes» est débité.

Tableau récapitulatif du mécanisme des comptes

	COMPTES DE BILAN		COMPTES DE GESTION	
	ACTIF	PASSIF	CHARGES	PRODUITS
DEBIT	↗	↘	↗	↘
CREDIT	↘	↗	↘	↗
NATURE DU SOLDE	D	C	D	C

6.2 La procédure comptable

A présent, on peut formaliser et systématiser les mécanismes comptables fondamentaux dans le but :

1. de dresser la situation active et passive d'une entreprise
2. de déterminer le résultat de son exploitation, le résultat financier ainsi que le résultat exceptionnel.

Cette formalisation nécessite tout d'abord l'usage d'un certain nombre de documents et livres comptables :

6.2.1 les documents comptables

outre les pièces justificatives (2) de chacune des opérations (facture, note d'envoi, etc ...), les deux principaux documents comptables sont le «livre-journal» et le «grand-livre des comptes».

> L'article 4, alinéa 2 de la loi dit : *«Les opérations sont inscrites sans retard, de manière fidèle et complète et par ordre de date*, soit dans *un livre-journal unique*, soit dans un journal auxiliaire unique ou subdivisé en journaux spécialisés. Elles sont méthodiquement inscrites ou transposées dans les comptes qu'elles concernent.»
>
> *Al. 3* : Les mouvements totaux enregistrés au cours de la période dans le journal auxiliaire unique ou dans les journaux spécialisés font, mensuellement au moins, l'objet d'une écriture récapitulative dans un livre central. Cette écriture est trimestrielle au moins pour les entreprises visées à l'article 5, qui tiennent leur comptabilité selon les prescriptions des articles 3 et 4.
>
> *Al. 4* : Cette écriture récapitulative comporte soit le montant total des mouvements enregistrés dans l'ensemble de ces journaux auxiliaires ventilés selon les comptes généraux ou les rubriques de synthèse prévus au plan comptable de l'entreprise.

6.2.1.1 *le «livre-journal»*

correspond au livre chronologique que l'on a établi dans la première partie de ce chapitre. Il enregistre, au jour le jour et dans l'ordre chronologique, toutes les opérations qui concernent la vie de l'entreprise.

La tenue du «livre-journal» est rendue obligatoire par la loi et il peut constituer une preuve en justice (cas de faillite, etc ...). C'est un document essentiel à la bonne tenue d'une comptabilité et son rôle est multiple :

— il prépare l'enregistrement des opérations dans chacun des comptes du grand livre;

— il fixe les repères indispensables aux vérifications;

— il assure une coordination historique et journalière des opérations».

---

2. L'article 6 de la loi du 17 juillet 1975 précise que :
«Toute écriture s'appuie sur une pièce justificative datée et porte un indice de référence à celle-ci (....) Les pièces justificatives doivent être conservées en original ou en copie durant dix ans et être classées méthodiquement. Ce délai est réduit à trois ans pour les pièces qui ne sont pas appelées à faire preuve à l'égard de tiers».

Le «livre-journal» enregistre chaque opération sous la forme d'articles, précisant chaque fois l'intitulé des comptes débité(s) et crédité(s). (3)

Le compte *débité* est *toujours* inscrit en premier lieu, tandis que le compte crédité est inscrit en retrait du premier.

L'article sera normalement complété par des informations supplémentaires (telles que le nom du client ou du fournisseur) pour permettre de mieux caractériser l'opération, ainsi que la référence aux pièces justificatives.

3. *Article 4* - alinéa 1 de la loi du 17 juillet 1975 :
Toute comptabilité est tenue selon un système de livres et de comptes et conformément aux règles usuelles de la comptabilité en partie double.
Article 8 - 1
Les journaux et livres comptables sont cotés ; ils forment, chacun dans sa fonction, une série continue; ils sont identifiés par la spécification de cette fonction, par leur place dans cette série et par le nom, la raison sociale ou la dénomination particulière de l'entreprise.
§ 2 : Les livres et journaux sont tenus de manière à garantir leur continuité matérielle ainsi que la régularité et l'irréversibilité des écritures.
Article 9 - 1er
Les livres sont tenus par ordre de dates, sans blancs ni lacunes. En cas de rectification, l'écriture primitive doit rester lisible.
§ 2 : Les entreprises sont tenues de conserver leurs livres pendant dix ans à partir du premier janvier de l'année qui suit leur clôture.

N°	indice du compte dans le plan	libellé	D	C
1	......	.		
	......	.		
		.		
2	......	.		
	......	.		
3		—— date ——		
	604	achat de marchandises	40.000	
		à		
	440	Fournisseurs		40.000
		(achat de marchandises		
		à Léon Devos, payables		
		endéans le mois, fact. d'achat n°)		
4		—— date ——		
		.		
		.		
		.		
		.		
		à reporter		

Le montant débité sera inscrit en outre dans la colonne «Débit» (D), tandis que le montant crédité le sera dans la colonne «Crédit» (C).

Au bas de chaque page du «livre-journal» est réservé un espace qui permet de calculer le total des débits et des crédits. Cette somme sera reportée au-dessus de la page suivante, avant d'y enregistrer d'autres opérations. Cela permettra d'effectuer des contrôles qui s'imposent au moment où l'on dressera les balances de vérification.

Enfin, la journalisation proprement dite est complétée par la numérotation des comptes concernés et correspondant à leur indice dans le plan comptable utilisé.

Avant d'en terminer avec le «livre-journal», il faut signaler que, à chaque écriture d'un article, doit correspondre *automatiquement* et *systématiquement* un report au «grand-livre des comptes».

pièce justificative → livre-journal → grand-livre des comptes

6.2.1.2 ***le «grand-livre des comptes»***

est l'ensemble de tous les comptes qui sont classés suivant l'ordre et la numérotation du plan comptable utilisé dans l'entreprise. On a généralement l'habitude de distinguer le «grand-livre des comptes généraux» et le «grand-livre des comptes particuliers».

Par exemple, dans le cas des «clients», on tiendrait séparément sur des fiches analytiques la situation du «client Dubois», du «client Dumont», etc ..., mais on ne ferait figurer au «grand-livre» que le compte général «clients» (4).

Il est évident que dans ce cas, toute inscription sur la fiche analytique du «client Dubois» doit faire l'objet d'un report au compte général «clients» (5).

Compte général

D (+) 40 CLIENTS	C (-)
(4) 2.000	

4. On peut aussi tenir un grand-livre des comptes particuliers «clients». Ce procédé permet d'avoir, à tout moment, le détail des opérations effectuées avec chaque client ainsi que la justification de son solde.
5. Il faut noter que les compensations en comptabilité sont interdites; il s'ensuit qu'un compte «client» à solde créditeur se retrouvera au passif du bilan après changement de son intitulé.
Par exemple, le compte particulier DURANT est à solde créditeur; le collectif clients est à solde débiteur : il ne peut y avoir compensation. Le compte DURANT sera séparé des autres et mis au passif, après avoir changé d'intitulé.
Il en sera de même pour les fournisseurs.

Le même montant sera retranscrit dans le compte particulier du «client Dubois» s'établira comme suit :

compte 400015			CLIENT DUBOIS				
N°	Date	Libellé	D	N°	Date	Libellé	C
4	...	vente à crédit	2.000				

Les comptes en T du grand-livre permettent à tout moment de connaître la situation, c'est-à-dire le solde de chaque compte, en faisant la différence «Total débit – Total crédit».

6.2.2 La procédure d'enregistrement des opérations

Pour exposer et comprendre la procédure d'enregistrement des opérations, supposons que l'entreprise «X» présente le bilan suivant à la fin de l'exercice 19..0

Bilan de l'entreprise «X» en 19..0

Actif		Passif	
Construction	4.000.000	Capital	7.000.000
Marchandises	3.000.000		
Banque	4.000.000	Emprunts	4.000.000
Total	11.000.000	Total	11.000.000

Les premières écritures qu'il convient de passer avant d'enregistrer les opérations d'un exercice s'appellent les *écritures d'ouverture*. Elles consistent à reporter *simultanément* au «livre-journal» et au «grand-livre» les comptes de «bilan» (classes 1 à 5) de l'exercice précédent.

Dès lors, dans le cas de l'entreprise «X», l'écriture d'ouverture sera :

LIVRE-JOURNAL

N°	I	libellé	D	C
1	221	Constructions	4.000.000	
	34	Marchandises	3.000.000	
	55	Banque	4.000.000	
		à		
	10	Capital		7.000.000
	174	Emprunts		4.000.000
		(écritures d'ouverture)		
		à reporter	11.000.000	11.000.000

De même qu'au GRAND-LIVRE DES COMPTES :

D(+)	221 Constructions	C(-)
(1) 4.000.000		

D(-)	10 Capital	C(+)
		(1) 7.000.000

D(+)	34 Marchandises	C(-)
(1) 3.000.000		

D(-)	174 Emprunts	C(+)
		(1) 4.000.000

D(+)	55 Banque	C(-)
(1) 4.000.000		

Chaque fois que l'on commence un nouvel exercice (année) comptable, il y a lieu de reprendre les comptes de bilan de l'exercice précédent.

En effet, il faut que la comptabilité enregistre l'ensemble des actifs et passifs dont dispose la société du début du nouvel exercice, chaque exercice étant indépendant du précédent.

Les opérations de l'exercice peuvent se résumer comme suit :

- 2 janvier 19...1 : achat à crédit de marchandises pour 1.000.000 F
- 3 janvier 19...1 : vente au comptant pour 2.000.000 F - versement des fonds en banque
- 4 janvier 19...1 :
  1) constatation d'un vol de marchandises pour 100.000 F
  2) paiement de la moitié de la dette au fournisseur
- 5 janvier 19...1 :
  1) achat au comptant de matériel pour 100.000 F et payé par la banque
  2) paiement par banque de salaires pour 400.000 F

3) transfert de 300.000 F de la banque au CCP
4) vente à crédit pour 700.000 F
5) retrait de 100.000 F en banque pour les déposer en caisse

- 6 janvier 19...1 : Abonnements divers 100.000 F payable au 31.1

Pendant l'exercice :

PIECES JUSTIFICATIVES

↓

LIVRE-JOURNAL

↓

GRAND-LIVRE DES COMPTES

Livre-journal (suite)

N°	I	libellé	D	C
		Somme à reporter	11.000.000	11.000.000
		2.1.19..1		
2	604	Achats de marchandises	1.000.000	
		à		
	440	Fournisseurs		1.000.000
		achat à crédit de marchandises		
		Facture achat X n° …		
		3.1.19..1		
3	550	Banque	2.000.000	
		à		
	70	Chiffre d'affaires		2.000.000
		vente au comptant de marchandises		
		Facture n° … - Extrait banque n° …		
		à reporter	14.000.000	14.000.000

		somme à reporter	14.000.000	14.000.000
		4.1.19..1		
4	66	Charges exceptionnelles	100.000	
		à		
	34	Marchandises		100.000
		vol de marchandises		
		suivant P.V. du …		
		4.1.19..1		
5	440	Fournisseurs	500.000	
		à		
	550	Banque		500.000
		paiement de la moitié de la facture		
		n° … du … - extrait de banque n° …		
		5.1.19..1		
6	23	Installations, machines et outillage	100.000	
		à		
	550	Banque		100.000
		achat comptant matériel		
		Facture n° … - chèque n° …		
		5.1.19..1		
7	62	Rémunérations, charges sociales		
		et pensions	400.000	
		à		
	550	Banque		400.000
		paiement des salaires		
		Etat des salaires n° …		
		à reporter	15.100.000	15.100.000

		somme à reporter	15.100.000	15.100.000
		5.1.19..1		
8	56	CCP	300.000	
		à		
	550	Banque		300.000
		transfert		
		extrait banque n° … - CCP n° …		
		5.1.19..1		
9	400	Clients	700.000	
		à		
	70	Chiffre d'affaires		700.000
		vente à crédit		
		Facture n° …		
		5.1.19..1		
10	57	Caisse	100.000	
		à		
	550	Banque		100.000
		retrait, extrait banque n° …		
		6.1.19..1		
11	61	Services et biens divers	100.000	
		à		
	48	Dettes diverses		100.000
		abonnements		
		Facture n° …		
		à reporter	16.300.000	16.300.000

Grand-livre des comptes

10 Capital

		(1)	7.000.000
			(7.000.000)

174 Emprunts

		(1)	4.000.000
			(4.000.000)

221 Constructions

(1)	4.000.000		
	(4.000.000)		

23 Installations, machines et outtillage

(6)	100.000		
	(100.000)		

34 Marchandises

(1)	3.000.000	(4)	100.000
	(3.000.000)		(100.000)

400 Clients

(9)	700.000		
	(700.000)		

440 Fournisseurs

(5)	500.000	(2)	1.000.000
	(500.000)		(1.000.000)

48 Dettes diverses

		(11)	100.000
			(100.000)

550 Banque

(1)	4.000.000	(5)	500.000
(3)	2.000.000	(6)	100.000
		(7)	400.000
		(8)	300.000
		(10)	100.000
	(6.000.000)		(1.400.000)

56 CCP

(8)	300.000		
	(300.000)		

57 Caisse

Débit		Crédit
(10)	100.000	
	(100.000)	

604 Achats de marchandises

Débit		Crédit
(2)	1.000.000	
	(1.000.000)	

62 Rémunérations, charges sociales et pensions

Débit		Crédit
(7)	400.000	
	(400.000)	

61 Services et biens divers

Débit		Crédit
(11)	100.000	
	(100.000)	

66 Charges exceptionnelles

Débit		Crédit
(4)	100.000	
	(100.000)	

70 Chiffre d'affaires

Débit	Crédit	
	(3)	2.000.000
	(9)	700.000
		(2.700.000)

On pose l'hypothèse que toutes les opérations du mois de janvier sont terminées.

A ce stade, les vérifications de fin de mois s'imposent :

a) au livre-journal

on doit vérifier que le total de tous les débits (16.300.000) soit égal au total de tous les crédits (16.300.000).

b) au grand livre

on effectue la balance de vérification des comptes particuliers «clients» et «fournisseurs» ainsi que la balance des comptes généraux.

En fin de mois :

GRAND-LIVRE DES COMPTES

↓

BALANCE DE VERIFICATION

La balance est un tableau de vérification qui permet de vérifier si le total des sommes inscrites en DEBIT est égal au total des sommes inscrites en CREDIT.

La balance est donc la clé de l'équilibre fondamental du bilan.

Une balance de vérification des comptes particuliers «clients» pourrait se présenter comme suit :

BALANCE DE VERIFICATION CLIENTS					
N°	Désignation	D	C	SD	SC
40302	Albert Dupont	7.000		7.000	-
40552	Gérard Durand	4.000	2.000	2.000	-
40809	Patrick Lambert	9.000		9.000	-
	.	.	.		
	.	.	.		
	.	.	.		
Total		Σ D	Σ C	Σ SD	Σ SC

Pour que la balance de vérification des comptes particuliers «clients» soit correcte, il faut que la somme des débits (Σ D) soit égale au total des débits du compte général «clients» et que la somme des crédits (Σ C) des comptes particuliers soit égale au total des crédits du compte général «clients».

A présent, on établit la balance de vérification des comptes généraux de l'entreprise «X» pour les opérations du mois de janvier 19..1 et ce à partir du grand-livre des comptes généraux.

BALANCE DE VERIFICATION (PROVISOIRE)

N°	Désignation (intitulé)	Σ D	Σ C	Solde D	Solde C
10	Capital		7.000.000		7.000.000
174	Emprunts		4.000.000		4.000.000
221	Constructions	4.000.000		4.000.000	
23	Installations, machines et outillage	100.000		100.000	
34	Marchandises	3.000.000	100.000	2.900.000	
400	Clients	700.000		700.000	
440	Fournisseurs	500.000	1.000.000		500.000
48	Dettes diverses		100.000		100.000
550	Banque	6.000.000	1.400.000	4.600.000	
56	CCP	300.000		300.000	

57	Caisse	100.000		100.000	
	sous-total	14.700.000	13.600.000	12.700.000	11.600.000
604	Achats de marchandises	1.000.000		1.000.000	
61	Services et biens divers	100.000		100.000	
62	Rémunérations, charges sociales et pensions	400.000		400.000	
66	Charges exceptionnelles	100.000		100.000	
70	Chiffre d'affaires		2.700.000		2.700.000
	sous-total	1.600.000	2.700.000	1.600.000	2.700.000
	Total	16.300.000	16.300.000	14.300.000	14.300.000

Pour que la balance des comptes généraux soit correcte, il faut que le total des sommes inscrites dans la colonne des débits ($\sum D_{b.v.}$) soit non seulement égal au total des sommes inscrites dans la colonne des crédits ($\sum C_{b.v.}$) mais aussi égal aux dernières sommes à reporter en débit et en crédit du livre-journal.

$$\sum D_{L.J.} = \sum C_{L.J.} = \sum D_{B.V.} = \sum C_{B.V.}$$

Les balances de vérification une fois établies en fin de mois, on recommencera l'enregistrement des opérations pour le mois qui suit et ainsi de suite jusqu'à la fin de l'exercice.

En résumé :

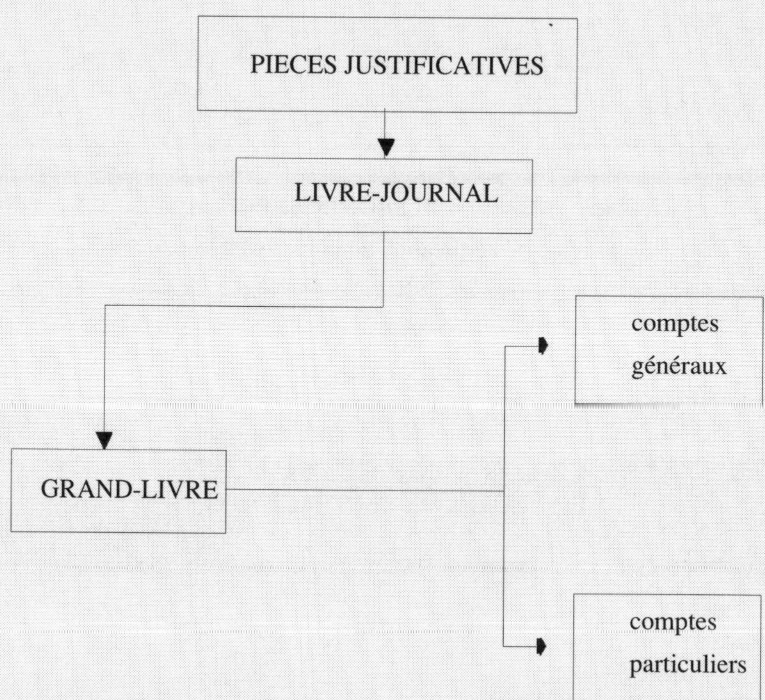

avec en fin de chaque mois la balance de vérification :

BALANCE DE VERIFICATION

$$\Sigma D_{L.J.} = \Sigma C_{L.J.} = \Sigma D_{B.V.} = \Sigma C_{B.V.}$$

$$\text{et } \Sigma SD_{B.V.} = \Sigma SC_{B.V.}$$

Les opérations de fin d'exercice.

Dans le cas de l'enteprise «X», on suppose, dans un but de simplication, qu'il ne se passe plus d'opérations entre le 6 janvier et le 31 décembre 19...1.

En fin d'exercice :

BALANCE PROVISOIRE

= balance de vérification du mois de décembre

INVENTAIRES

ECRITURES DE RECTIFICATION

ECRITURES DE REGULARISATION

ECRITURES DE REGROUPEMENTS

Avant d'entreprendre les inventaires et les écritures de fin d'exercice, il faut tout d'abord procéder à la balance provisoire afin de vérifier si toutes les opérations ont été correctement enregistrées.

Il faudra donc s'assurer que le total des débits ($\Sigma D_{B.P.}$) est égal au total des crédits ($\Sigma C_{B.P.}$) de la balance provisoire qui doit lui même être égal au total des débits ($\Sigma D_{L.J.}$) et des crédits ($\Sigma C_{L.J.}$) du livre-journal.

$$\Sigma D_{L.J.} = \Sigma C_{L.J.} = \Sigma D_{B.P.} = \Sigma C_{B.P.}$$

Dans le cas de l'entreprise «X», puisque l'on a supposé qu'il n'y avait plus d'opérations entre le 6 janvier et le 31 décembre 19..1, la balance provisoire est identique à la balance de vérification du mois de janvier.

Les inventaires

La balance provisoire établie, on dresse l'inventaire.

Article 7 § 1 - Loi du 17 juillet 1975
Toute entreprise procède une fois l'an au moins, avec bonne foi et prudence, aux opérations de relevé, de vérification, d'examen et d'évaluation nécessaires pour établir à la date choisie un inventaire complet de ses *avoirs* et *droits* de toute nature, de ses *dettes*, *obligations* et *engagements* de toute nature relatifs à son activité et des moyens propres qui y sont affectés. Cet inventaire est ordonné de la même manière que le plan comptable de l'entreprise.
Article 7 § 3
Les pièces de l'inventaire sont transcrites dans le livre des inventaires.
L'article 15 de l'arrêté royal exige que les entreprises soumises à la loi, actent au livre des inventaires, les règles d'évaluation arrêtées par l'organe d'administration de l'entreprise.

L'inventaire terminé, on peut procéder aux écritures de fin d'exercice en commençant par les écritures de rectification ou de redressement. Ces écritures ont pour but «d'ajuster les soldes des comptes aux données des inventaires».

Article 7 § 2

Les comptes doivent être mis en concordance avec les données de l'inventaire avant d'être synthétisés dans un état descriptif constituant les comptes annuels.

C'est à ce stade également qu'il faudra :

- procéder aux amortissements
- constituer les provisions
- acter les plus-values éventuelles

Après les écritures de rectification, on procède aux *écritures de régularisation.*

Comme on l'a déjà explicité au cours du premier chapitre, les écritures de régularisation ont pour but d'imputer à l'exercice toutes les charges et tous les produits qui le concernent exclusivement.

Dans le cas de l'entreprise «X», par exemple, on constate que les abonnements facturés le 6 janvier représentaient deux années d'abonnements. La véritable charge de l'exercice s'élève à 50.000 F, le reste portant sur l'exercice suivant quelle que soit la date du paiement. Il faudra dès lors régulariser le compte de charges en le créditant du montant qui ne concerne pas l'exercice en cours par le débit d'un compte transitoire d'actif au «Comptes de régularisation d'actif» et intitulé «Charges à reporter».

Dès lors, il faudra passer l'écriture suivante au livre-journal :

Livre-journal (suite)
procédure simplifiée

N°	I	Libellé	D	C
		somme à reporter	16.300.000	16.300.000
12	490	Charges à reporter	50.000	
		à		
	61	Services et biens divers		50.000
		Abonnements payés d'avance		
		à reporter	16.350.000	16.350.000

Enfin, avant de dresser le bilan et le compte de «Résultats», il faut effectuer les écritures de regroupement.

Le but de ces écritures consiste à regrouper tous les comptes divisionnaires de charges et produits dans les comptes principaux qui permettront l'établissement extra-comptable du compte de résultats.

Ces écritures de regroupement se feront en plusieurs étapes : il faudra tout d'abord procéder au regroupement des comptes divisionnaires aux comptes principaux de charges et de produits.

Le compte principal de charges sera débité par le crédit de tous les comptes divisionnaires de charges qui seront donc soldés.

EXEMPLE

61 Services et biens divers

à

6100 Annonces, publicité, propagande et documentation

6101 Assurance non relative au personnel

6102 Commission et courtages de tiers

.

.

.

.

A ce moment-là, puisque le montant total inscrit au débit des comptes divisionnaires est égal au montant total inscrit à leur crédit, on dit que les comptes divisionnaires sont SOLDES.

On procédera d'une manière semblable pour le regroupement des comptes divisionnaires de produits aux comptes principaux de produits.

Le compte principal de produit sera crédité par le débit de tous les comptes divisionnaires de produits

Après ces opérations, seuls subsisteront les comptes qui figurent dans les comptes de résultats A ce stade, il reste à corriger un compte de bilan, le compte marchandises.

Comme ce compte n'a pas été mouvementé pendant l'exercice comptable (sauf en cas de vol ou de destruction), le montant inscrit à son débit correspond à la valeur du stock initial (stock du début de l'exercice comptable).

En fin d'exercice, lors de l'inventaire, on évalue le stock final (stock de fin d'exercice comptable). Le solde du compte marchandises devra correspondre à cette valeur, puisque le bilan reflète la réalité de fin d'exercice comptable.

Reprenons l'exercice :

34 Marchandises	
3.000.000	100.000
(stock initial)	(vol)

Remarque

stock initial	3.000.000
vol	100.000
	2.900.000

Si, lors de l'inventaire, on constate que le stock a une valeur de 1.300.000F, on procèdera comme suit :

N°	I	Libellé	D	C
		somme à reporter	16.350.000	16.350.000
13	609	Variation des stocks	2.900.000	
		à		
	34	Marchandises		2.900.000
14	34	Marchandises	1.300.000	
		à		
	609	Variation des stocks		1.300.000
		à reporter	20.550.000	20.550.000

Il s'ensuit que la valeur se trouvant dans le compte de bilan «marchandises» représente le STOCK FINAL et que le compte «variation des stocks» aura à son débit le stock initial sous déduction des vols éventuels constatés, à son crédit, le stock final.

Dans notre exemple, le compte «variation des stocks» (classe 6) permet de déterminer une variation négative des stocks de marchandises.

En fin d'exercice (suite) :

DRESSER LA BALANCE CORRIGEE

ETABLIR LE COMPTE DE RESULTATS DE MANIERE EXTRA-COMPTABLE

DECISION D'AFFECTATION

ECRITURES D'AFFECTATION

BALANCE DEFINITIVE

ECRITURES DE CLOTURE

BILAN

ANNEXE

Grand-livre des comptes

10 Capital

	7.000.000
	7.000.000

174 Emprunts

	4.000.000
	4.000.000

221 Constructions

4.000.000	
4.000.000	

23 Installations, machines et outillage

100.000	
100.000	

34 Marchandises

3.000.000	100.000
(14) 1.300.000	(13) 2.900.000
4.300.000	3.000.000

400 Clients

700.000	
700.000	

440 Fournisseurs

500.000	1.000.000
500.000	1.000.000

48 Dettes diverses

	100.000
	100.000

550 Banque

4.000.000	500.000
2.000.000	100.000
	400.000
	300.000
	100.000
6.000.000	1.400.000

56 CCP

300.000	
300.000	

57 Caisse

100.000	
100.000	

604 Achats de marchandises

1.000.000	
1.000.000	

62 Rémunérations, charges sociales et pensions

400.000	
400.000	

61 Services et biens divers

100.000	(12) 50.000
100.000	50.000

66 Charges exceptionnelles

100.000	
100.000	

490 Charges à reporter

(12) 50.000	
50.000	

609 Variation des stocks

(13) 2.900.000	(14) 1.300.000
2.900.000	1.300.000

70 Chiffre d'affaires

	2.000.000 700.000
	2.700.000

2. Après avoir mis la comptabilité en concordance avec les données d'inventaire, l'entreprise doit dresser la balance corrigée reprenant l'ensemble des comptes mouvementés au cours l'exercice comptable :

BALANCE CORRIGEE					
N°	Désignation (intitulé)	D	C	Solde D	Solde C
10	Capital		7.000.000		7.000.000
174	Emprunts		4.000.000		4.000.000
221	Constructions	4.000.000		4.000.000	
23	Installations, machines et outillage	100.000		100.000	
34	Marchandises (x)	4.300.000	3.000.000	1.300.000	
400	Clients	700.000		700.000	
440	Fournisseurs	500.000	1.000.000		500.000
48	Dettes diverses		100.000		100.000
490	Charges à reporter (x)	50.000		50.000	

550	Banque		6.000.000	1.400.000	4.600.000	
56	CCP		300.000		300.000	
57	Caisse		100.000		100.000	
	sous-total	(x)	16.050.000	16.500.000	11.150.000	11.600.000
604	Achats de marchandises		1.000.000		1.000.000	
609	Variation des stocks	(x)	2.900.000	1.300.000	1.600.000	
61	Services et biens divers	(x)	100.000	50.000	50.000	
62	Rémunérations, charges sociales et pensions		400.000		400.000	
66	Charges exceptionnelles		100.000		100.000	
70	Chiffre d'affaires			2.700.000		2.700.000
	sous-total	(x)	4.500.000	4.050.000	3.150.000	2.700.000
	TOTAL	(x)	20.550.000	20.550.000	14.300.000	14.300.000

(x) valeurs modifiées par rapport à la balance provisoire

3. De manière extra-comptable

L'entreprise doit maintenant établir son tableau des résultats afin de connaître le résultat qui devra faire l'objet d'une affectation

COMPTE DE RESULTATS

I. Résultat d'exploitation

Charges			**Produits**	
II Coût des ventes et desprestations			I Ventes et prestations	
A. Approvisonnements et marchandises		2.600.000	A. Chiffre d'affaires	2.700.000
1. Achats	1.000.000			
2. Δ de stock	+ 1.600.000			
B. Services et biens divers		50.000		
C. Rémunérations, charges sociales et pensions		400.000		
1. Rémunérations	400.000			
Coût des ventes et prestations		3.050.000	Ventes et prestations	2.700.000

II. Résultat exceptionnel

E. Autres charges exceptionnelles		100.000		
		100.000		

Résultat de l'exercice

			XI Perte de l'exercice	450.000
TOTAL		3.150.000		3.150.000

Décision d'affectation

C'est l'organe de gestion qui fait une proposition d'affectation du résultat à l'assemblée générale des actionnaires.

Si ce résultat est bénéficiaire, on pourra décider de le répartir comme suit:
1. mise en réserve légale
2. autres réserves
3. report à nouveau
4. dividendes, tantièmes
5. Autres allocataires

En cas de résultat déficitaire, la seule affectation possible sera le report à nouveau (6).

4. De manière comptable

L'affectation du résultat de l'exercice entraîne une écriture au livre-journal et au grand-livre.

A cette fin, deux comptes ont été prévus dans le plan comptable minimum normalisé :

69 Affectations et prélèvements
- 690 Perte reportée de l'exercice précédent
- 691 Affectation au capital et à la prime d'émission
- 692 Dotation aux réserves
  - 6920 Dotation à la réserve légale
  - 6921 Dotation aux autres réserves
- 693 Bénéfice à reporter
- 694 Rémunération du capital
- 695 Administrateurs ou gérants
- 696 Autres allocataires

79 Affectations et prélèvements
- 790 Bénéfice reporté de l'exercice précédent

6. Sauf s'il existe un bénéfice reporté qui compense la perte ou si l'on prélève surles fonds propres (voir tome II).

791 Prélèvement sur le capital et les primes d'émission

792 Prélèvement sur les réserves

793 Perte à reporter

794 Intervention d'associés (ou du propriétaire) dans la perte

Pour la société «X», l'écriture au livre-journal se présentera comme suit :

N°	I	Libellé	D	C
		somme à reporter	20.550.000	20.550.000
15	14	Perte reportée	450.000	
		à		
	793	Perte à reporter		450.000
		(Affectation du résultat)		
		à reporter	21.000.000	21.000.000

et au grand-livre

14 Perte reportée

450.000	

793 Perte à reporter

	450.000

BALANCE DEFINITIVE

N°	Désignation (intitulé)	D	C	Solde D	Solde C
10	Capital		7.000.000		7.000.000
14	Perte reportée	450.000		450.000	
174	Emprunts		4.000.000		4.000.000
221	Constructions	4.000.000		4.000.000	
23	Installations, machines et outillage	100.000		100.000	
34	Marchandises	4.300.000	3.000.000	1.300.000	
400	Clients	700.000		700.000	
440	Fournisseurs	500.000	1.000.000		500.000
48	Dettes diverses		100.000		100.000
490	Charges à reporter	50.000		50.000	

550	Banque	6.000.000	1.400.000	4.600.000	
56	CCP	300.000		300.000	
57	Caisse	100.000		100.000	
	sous-total	16.500.000	16.500.000	11.600.000	11.600.000
604	Achats de marchandises	1.000.000		1.000.000	
609	Variation des stocks	2.900.000	1.300.000	1.600.000	
61	Services et biens divers	100.000	50.000	50.000	
62	Rémunérations, charges sociales et pensions	400.000		400.000	
66	Charges exceptionnelles	100.000		100.000	
70	Chiffre d'affaires		2.700.000		2.700.000
793	Perte à reporter		450.000		450.000
	sous-total	4.500.000	4.500.000	3.150.000	3.150.000
	TOTAUX	21.000.000	21.000.000	14.750.000	14.750.000

Pour que la balance soit correcte, il faut que le total des montants inscrits en débit soit égal au total des montants inscrits en crédit et que le total des soldes débiteurs soit égal au total des soldes créditeurs.

Le bilan reprendra en «règle générale» à l'actif tous les comptes de classes 1 à 5 ayant un *solde débiteur* dans la balance définitive et au passif, tous les comptes ayant un *solde créditeur*.

Il est important de noter que contrairement aux autres balances (provisoires et corrigée), l'égalité entre :

- le total des débits et le total des crédits

ainsi qu'entre

- le total des soldes débiteurs et le total des soldes créditeurs

est obtenue au niveau des sous-totaux de la balance définitive de par l'affectation du résultat.

Le bilan de l'entreprise «X» se présentera donc de la manière suivante :

Bilan au 31/12/

Actif		Passif	
Immobilisations corporelles		**Capitaux propres**	
Constructions	4.000.000	Capital	7.000.000
Matériel	100.000	Perte reportée	- 450.000
Stocks et commandes en cours		**Dettes à plus d'un an**	
Marchandises	1.300.000	Emprunts	4.000.000
Créances à un an au plus		**Dettes à un an au plus**	
Créances commerciales	700.000	Fournisseurs	500.000
		Dettes diverses	100.000
Disponible			
Banque	4.600.000		
Caisse	100.000		
CCP	300.000		
Comptes de régularisation			
Charges à reporter	50.000		
TOTAL	11.150.000	TOTAL	11.150.000

L'équilibre fondamental est respecté, à savoir :

> L'ACTIF = LE PASSIF
>
> Les utilisations de capitaux = les sources de capitaux

Si l'on veut à présent résumer la procédure d'enregistrement comptable que nous venons de décrire, en voici les principales étapes :

Début d'un exercice :

1. écritures d'ouverture des comptes sur la base des comptes de bilan de l'exercice précédent (1ère partie de la balance définitive) dans le livre-journal et dans le grand-livre des comptes.

Pendant l'exercice :

2. enregistrement, au jour le jour, des opérations au livre-journal et au grand-livre des comptes
3. en fin de mois, balances de vérification

En fin d'exercice :

4. en fin d'exercice, balance provisoire
5. inventaires
6. mise en concordance de la comptabilité avec les données d'inventaire :
   - écritures de redressement
   - écritures de régularisation
   - écritures de regroupement

   au livre-journal et au grand-livre des comptes
7. balance corrigée
8. Compte de résultats de manière extra-comptable
9. proposition de l'organe de gestion en matière d'affectation et de prélèvements; écritures d'affectation (au L.J. et au G.L.)
10. balance définitive des comptes après affectations et prélèvements
11. établissement du bilan et de l'annexe

RESUME DES OPERATIONS COMPTABLES DE FIN D'ANNEE

	EN COMPTABILITE		EN EXTRA-COMPTABLE
		1	Balance provisoire des comptes (pas obligatoire) Tableau en 4 parties : 1. Comptes d'actif et de passif D ≠ C 2. Comptes de gestion D ≠ C 3. Comptes d'engagement D = C 4. Total D = C
		2	Inventaires Article 7 de la loi du 17 juillet 1975, paragraphes 1 et 3
3	Ecritures de fin d'exercice a. Ecritures de régularisation L.J. → G.L. Ecritures qui permettent d'imputer à l'exercice les charges et les produits qui lui sont propres : . comptes de régularisation de l'actif et du passif (49) Remarque : incidence sur les résultats b. Ecritures de rectification ou de redressement L.J. → G.L.		

	Article 7 de la loi du 17 juillet 1975 - paragraphe 2 Mise en concordance de la comptabilité avec les données d'inventaire : . rectification des comptes d'actif et de passif . variation des stocks . ajustement d'amortissements, de réductions de valeur, de provisions . plus-values		
		4	Balance corrigée Même présentation que la balance provisoire
		5	Etablissement du compte de résultats I. Résultat d'exploitation II. Résultat financier III. Résultat exceptionnel IV. Impôts V. Résultat de l'exercice
		6	Décision de l'organe de gestion en ce qui concerne l'affectation du résultat (A.R. 18/10/76 - article 11)
		7	Tableau d'affectations et prélèvements

8	Ecritures d'affectation . compte 69 en cas de bénéfice . compte 79 en cas de perte		
		9	Balance définitive (obligatoire en vertu de l'article 5 de l'A.R. du 8/10/1976) Même présentation que la balance provisoire D = C pour les comptes de bilan D = C pour les comptes de gestion D = C pour les comptes d'engagements D = C pour le total Même remarque
		10	BILAN - ANNEXE
		11	Ratification des comptes annuels par l'assemblée générale
		12	Formalités de publicité

	N° des comptes	Désignation des comptes	Balance provisoire				Balance corrigée				Balance définitive				Rubrique dans les comptes annuels
			D	C	SD	SC	D	C	SD	SC	D	C	SD	SC	
1		Comptes de bilan classes 1 à 5 sous-totaux 1 à 5													
2		Comptes de résultats classes 6 et 7 sous-totaux 6 et 7													
3		Comptes d'engagement classe 0 sous-totaux 0													
4		TOTAL 1 à 7 + 0													

Exercice 1

Situation au 31 décembre 1989

Marchandises	100.000
Fournisseurs	40.000
Clients	200.000
Immeuble	1.000.000
Matériel roulant	500.000
Caisse	400.000
Banque	200.000
Emprunt à plus d'un an	700.000
Capital	-

Pendant l'exercice 1990, l'entreprise a enregistré les opérations suivantes :

1. achat de marchandises - paiement par caisse 100.000 F
2. paiement par banque des frais de publicité : 30.000 F
3. achat de titres de placement - paiement par banque 20.000 F
4. paiement par caisse de la facture du garagiste : 20.000 F
5. vente de marchandises - paiement à 3 mois : 200.000 F
6. paiement par banque de charges imputables à l'exercice précédent : 40.000F
7. achat d'une nouvelle camionnette - paiement par caisse : 200.000 F
8. transfert de la caisse au CCP : 80.000 F
9. paiement par banque de la taxe professionnelle : 50.000 F

On demande :

— d'établir le bilan initial de la société
— de passer les écritures au livre-journal au grand-livre des comptes
— de dresser la balance provisoire

Au 31 décembre 1990, on constate :

— un manquement en caisse : 20.000 F

— que l'on a oublié d'enregistrer le paiement par caisse du client Bertrand : 30.000F

— que suite à l'inventaire, la valeur des marchandises en stock s'élève à 120.000F

On demande :

— de passer les écritures de fin d'exercice

— d'établir le compte de résultats

— d'enregistrer l'affectation du résultat (à reporter)

— d'établir la balance définitive

— détablir le bilan au 31 décembre 1984

Exercice 2

Il est demandé de dresser le bilan et le compte de résultats de l'entreprise «ABC» à partir de la balance provisoire reprise ci-après.

		Solde provisoire des comptes	Balance corrigée		Balance définitive	
			SD	SC	SD	SC
10	Capital	7.750				
17	Dettes à plus d'un an	2.000				
22	Terrains et constructions	10.000				
23	Installation, machines et outillage	500				
34	Marchandises	1.000				
400	Clients	3.100				
416	Débiteurs divers	500				
440	Fournisseurs	5.000				
550	Banque	3.000				
56	CCP	750				
578	Timbres	50				
604	Achats	15.000				
610	Loyers et charges locatives	350				

611	Entretien des bâtiments	200			
6131	Assurances	500			
6202	Rémunérations ouvriers	50			
6203	Rémunérations employés	100			
621	Cotisations patronales d'assurance sociale	75			
64	Autres charges d'exploitation	60			
650	Intérêts sur dettes à plus d'un an	300			
66	Charges exceptionnelles	70			
69	Affectations du résultat				
70	Chiffre d'affaires	20.000			
74	Autres produits d'exploitation	180			
75	Produits financiers	75			
76	Produits exceptionnels	600			
79	Affectations du résultat				

Inventaires

stock final	5.000	
CCP	1.000	on a oublié de comptabiliser le paiement d'un client : 250
caisse	25	

Affectation du résultat

Le résultat est intégralement reporté.

Exercice 3

Il est demandé :

1. de dresser le bilan initial de la S.A. «Câblerie» sur base des éléments suivants:

Terrains	144.486
Participations	35.273
Emprunt à plus d'un an	246.901
Réserves immunisées	5.300
Mobilier et matériel roulant	2.872
Provisions pour risques et charges	74.225
Créditeurs divers	167.670
Portefeuille titres de placement	4.933
Clients	573.360
Matières premières	116.613
Installations et machines	161.064
Réserves disponibles	105.700
Réserves légales	40.000
Banque (c/c à court terme)	211.205
Fournisseurs	418.793
Banque (disponible)	37.209
En cours de fabrication	204.885
Créances à plus d'un an	16.000
Autres immobilisations corporelles	51.000

Marchandises	328.862
Débiteurs divers	26.198
Bénéfice reporté	7.185
Subsides reçus en capital	4.080
Emprunt à moins d'un an	21.696
Capital	400.000
	3.405.510

2. de tenir la comptabilité de cette société et d'enregistrer les opérations suivantes en tenant les livres nécessaires :
   1. achat de matériel roulant, au comptant, paiement par banque 15.000 F
   2. transfert de la banque à la caisse 10.000 F
   3. paiement de clients par CCP 35.000 F
   4. paiement aux fournisseurs par le c/c bancaire 60.000 F
   5. achat de marchandises 205.000 F - paiement à 3 mois
   6. vente aux clients 300.000 F - paiement par banque
   7. paiement par CCP de 20.000 F d'intérêts pour l'emprunt à plus d'un an
   8. paiement par caisse de salaires 10.000 F
   9. paiement de clients par banque c/c 250.000 F
   10. reçu par banque c/c 5.000 F de revenus sur participations
   11. suite à un incendie, comptabilisons la perte d'une partie des installations 32.000 F
   12. vente de marchandises aux clients 25.000 F - paiement à 3 mois
   13. la société vend un terrain d'une valeur comptable de 24.000 F pour 50.000F - paiement par banque
   14. réception des factures suivantes :

- eau, gaz, électricité	500 F
- entretien véhicule	200 F
- publicité	1.000 F
- assurances	2.000 F

   15. paiement par banque c/c de commissions à des tiers 250 F
   16. paiement par banque c/c des impôts provinciaux et communaux 750 F
   17. reçu par caisse les revenus des titres de placement 500 F

18. l'entreprise contracte un nouvel emprunt à plus d'un an de 100.000 F - transfert des fonds au compte banque c/c
19. réunion des 2 comptes «banque» en un seul compte
20. encaissement des loyers des immeubles loués : 75

3. d'établir les comptes annuels (bilan et compte de résultats) en suivant la procédure de fin d'exercice et en sachant que :
   a. les inventaires révèlent :

. stock final matières premières	350.000
. participations	30.000
. titres de placement	4.500

   b. il n'y a pas d'écritures de régularisation

ANNEXE 1

LE PLAN COMPTABLE MINIMUM NORMALISE

Rubrique correspondante des comptes annuels
Schéma complet annexé à l'A.R. du 8/10/1976 tel que modifié par l'A.R. du 12/9/1983

1. FONDS PROPRES, PROVISIONS POUR RISQUES ET CHARGES ET DETTES A PLUS D'UN AN

		Actif	Passif
10. Capital			I
100	Capital souscrit		I.A
101	Capital non appelé (-)		I.B
11. Primes d'émission			II
12. Plus-values de réévaluation			III
120	Plus-values de réévaluation sur immobilisations incorporelles (1) (2)		
121	Plus-values de réévaluation sur immobilisations corporelles (2)		
122	Plus-values de réévaluation sur immobilisations financières (2)		
123	Plus-values de réévaluation sur stocks (1)		
124	Reprises de réduction de valeur sur placements de trésorerie (3)		
13 Réserves			IV
130	Réserve légale		IV.A
131	Réserves indisponibles		IV.B
	1310 Réserve pour actions propres		IV.B.1
	1311 Autres réserves indisponibles		IV.B.2
132	Réserves immunisées		IV.C
133	Réserves disponibles		IV.D

		Actif	Passif
14	Bénéfice reporté (ou Perte reportée (-))		V
15	Subsides en capital		VI
16	Provisions pour risques et charges		VII
160	Provisions pour pensions et obligations similaires		VII.A
161	Provisions pour charges fiscales		VII.B
162	Provisions pour grosses réparations et gros entretien		VII.C
163-169	Provisions pour autres risques et charges (4)		VII.D
17	Dettes à plus d'un an		VIII
170	Emprunts subordonnés		VIII.A.1
	1700 Convertibles		
	1701 Non convertibles		
171	Emprunts obligataires non subordonnés		VIII.A.2
	1710 Convertibles		
	1711 Non convertibles		
172	Dettes de location-financement et assimilées		VIII.A.3
173	Etablissements de crédit		VIII.A.4
	1730 Dettes en compte		
	1731 Promesses		
	1732 Crédits d'acceptation		
174	Autres emprunts		VIII.A.5
175	Dettes commerciales		VIII.B
	1750 Fournisseurs		VIII.B.1
	1751 Effets à payer		VIII.B.2
176	Acomptes reçus sur commandes		VIII.C
178	Cautionnements reçus en numéraire		VIII.D
179	Dettes diverses		VIII.D

2. FRAIS D'ETABLISSEMENT, ACTIFS IMMOBILISES ET CREANCES A PLUS D'UN AN

		Actif	Passif
20.	Frais d'établissement (5)	I	
200	Frais de constitution et d'augmentation de capital		
201	Frais d'émission d'emprunts et primes de remboursement		
202	Autres frais d'établissement		

	Actif	Passif
204 Frais de restructuration		
21. Immobilisations incorporelles (6)	II	
210 Frais de recherche et de développement		
211 Concessions, brevets, licences, savoir-faire, marques et droits similaires		
212 Goodwill		
213 Acomptes versés		
22. Terrains et constructions (6)	III.A	
220 Terrains		
221 Constructions		
222 Terrains bâtis (7)		
223 Autres droits réels sur des immeubles		
23. Installations, machines et outillage (6)	III.B	
24. Mobilier et matériel roulant (6)	III.C	
25. Immobilisations détenues en location -financement et droits similaires	III.D	
250 Terrains et constructions		
251 Installations, machines et outillage		
252 Mobilier et matériel roulant		
26. Autres immobilisations corporelles (6)	III.E	
27. Immobilisations corporelles en cours et acomptes versés (6)	III.F	
28. Immobilisations financières	IV	
280 Participations dans des entreprises liées	IV.A.1	
2800 Valeur d'acquisition		
2801 Montants non appelés (-)		
2808 Plus-values actées		
2809 Réductions de valeur actées (-)		

		Actif	Passif
281	Créances sur des entreprises liées	IV.A.2	
	2810 Créances en compte		
	2811 Effets à recevoir		
	2812 Titres à revenu fixe		
	2817 Créances douteuses		
	2819 Réductions de valeur actées (-)		
282	Participations dans des entreprises avec lesquelles il existe un lien de participation	IV.B.1	
	2820 Valeur d'acquisition		
	2821 Montants non appelés (-)		
	2828 Plus-values actées		
	2829 Réductions de valeur actées (-)		
283	Créances sur des entreprises avec lesquelles il existe un lien de participation	IV.B.2	
	2830 Créances en compte		
	2831 Effets à recevoir		
	2832 Titres à revenu fixe		
	2837 Créances douteuses		
	2839 Réductions de valeur actées (-)		
284	Autres actions et parts	IV.C.1	
	2840 Valeur d'acquisition		
	2841 Montants non appelés (-)		
	2848 Plus-values actées		
	2849 Réductions de valeur actées (-)		
285	Autres créances	IV.C.2	
	2850 Créances en compte		
	2851 Effets à recevoir		
	2852 Titres à revenu fixe		
	2857 Créances douteuses		
	2859 Réductions de valeur actées (-)		
288	Cautionnements versés en numéraire	IV.C.2	
29. Créances à plus d'un an		V	
290	Créances commerciales	V.A	
	2900 Clients		
	2901 Effets à recevoir		

			Actif	Passif
	2906	Acomptes versés (8)		
	2907	Créances douteuses		
	2909	Réductions de valeur actées (-)		
291		Autres créances	V.B	
	2910	Créances en compte		
	2911	Effets à recevoir		
	2917	Créances douteuses		
	2919	Réductions de valeur actées (-)		

3. STOCKS ET COMMANDES EN COURS D'EXECUTION

		Actif	Passif
30. Approvisionnements - Matières premières (9)		VI.A.1	
300	Valeur d'acquisition (10)		
309	Réductions de valeur actées (-) (11)		
31. Approvisionnements - Fournitures (9)		VI.A.1	
310	Valeur d'acquisition (10)		
319	Réductions de valeur actées (-) (11)		
32. En-cours de fabrication (9)		VI.A.2	
320	Valeur d'acquisition		
329	Réductions de valeur actées (-) (11)		
33. Produits finis (9)		VI.A.3	
330	Valeur d'acquisition (10)		
339	Réductions de valeur actées (-) (11)		
34. Marchandises (9)		VI.A.4	
340	Valeur d'acquisition (10)		
349	Réductions de valeur actées (-) (11)		
35. Immeubles destinés à la vente (9)		VI.A.5	
350	Valeur d'acquisition (10)		
359	Réductions de valeur actées (-) (11)		
36. Acomptes versés sur achats pour stocks		VI.A.6	
360	Acomptes versés		
369	Réductions de valeur actées (-) (11)		
37. Commandes en cours d'exécution (12)		VI.B	
370	Valeur d'acquisition		

		Actif	Passif
371	Bénéfice pris en compte		
379	Réductions de valeur actées (-) (11)		

4. CREANCES ET DETTES A UN AN AU PLUS

		Actif	Passif
40.	Créances commerciales (13)		
400	Clients	VII.A	IX.C.1 (14)
401	Effets à recevoir	VII.A	
404	Produits à recevoir (15)	VII.A	
406	Acomptes versés (8)	VII.A	
407	Créances douteuses	VII.A	
409	Réductions de valeur actées (-)	VII.A	
41.	Autres créances (13)	VII.B	
410	Capital appelé, non versé		
411	TVA à récupérer		
412	Impôts et précomptes à récupérer		
	4120 à 4124 Impôts belges sur le résultat		
	4125 à 4127 Autres impôts et taxes belges		
	4128 Impôts et taxes étrangers		
414	Produits à recevoir		
416	Créances diverses		
417	Créances douteuses		
418	Cautionnements versés en numéraires		
419	Réductions de valeur actées (-)		
42.	Dettes à plus d'un an échéant dans l'année (16) (même subdivision que le compte 17)		IX.A
43.	Dettes financières		IX.B
430	Etablissements de crédit - Emprunts en compte à terme fixe		IX.B.1
431	Etablissements de crédit - Promesses		IX.B.1
432	Etablissements de crédit - Crédits d'acceptation		IX.B.1
433	Etablissements de crédit - Dettes en compte courant (17)		IX.B.1
439	Autres emprunts		IX.B.2

		Actif	Passif
44. Dettes commerciales			
440	Fournisseurs	VII.A	IX.C.1
441	Effets à payer	(18)	IX.C.2
444	Factures à recevoir (19)		IX.C.1
45. Dettes fiscales, salariales et sociales			
450	Dettes fiscales estimées		IX.E.1
	4500 à 4504 Impôts belges sur le résultat		
	4505 à 4507 Autres impôts et taxes belges		
	4508 Impôts et taxes étrangers		
451	TVA à payer		IX.E.1
452	Impôts et taxes à payer		IX.E.1
	4520 à 4524 Impots belges sur le résultat		
	4525 à 4527 Autres impôts et taxes belges		
	4528 Impôts et taxes étrangers		
453	Précomptes retenus		IX.E.1
454	Office National de la Sécurité Sociale		IX.E.2
455	Rémunérations		IX.E.2
456	Pécules de vacances		IX.E.2
459	Autres dettes sociales		IX.E.2
46. Acomptes reçus sur commandes			IX.D
47. Dettes découlant de l'affectation du résultat			IX.F
470	Dividendes et tantièmes d'exercices antérieurs		
471	Dividendes de l'exercice		
472	Tantièmes de l'exercice		
473	Autres allocataires		
48. Dettes diverses			IX.F
480	Obligations et coupons échus		
488	Cautionnements reçus en numéraire		
489	Autres dettes diverses		
49. Comptes de régularisation et comptes d'attente			
490	Charges à reporter		X
491	Produits acquis		X
492	Charges à imputer		X
493	Produits à reporter		X
499	Comptes d'attente		

	Actif	Passif
5. PLACEMENTS DE TRESORERIE ET VALEURS DISPONIBLES		
50. Actions propres	VIII A	
51. Actions et parts	VIII.B	
510 Valeur d'acquisition		
511 Montants non appelés (-)		
519 Réductions de valeur actées (-)		
52. Titres à revenu fixe	VIII.B	
520 Valeur d'acquisition		
529 Réductions de valeur actées (-)		
53. Dépôts à terme	VIII.B	
530 De plus d'un an		
531 De plus d'un mois et à un an au plus		
532 D'un mois au plus		
539 Réductions de valeur actées (-)		
54. Valeurs échues à l'encaissement (20)	IX	
55. Etablissements de crédit (21)	IX	
550 à 559 Comptes ouverts auprès des divers établissements, à subdiviser en :		
…0 Comptes courants		
…1 Chèques émis (-) (22)		
…9 Réductions de valeur actées (-)		
56. Office des Chèques Postaux	IX	
560 Compte courant		
561 Chèques émis (-) (22)		
57. Caisse	IX	
570 à 577 Caisses-espèces		
578 Caisses-timbres		
58. Virements internes	IX	

Rubrique correspondante des comptes annuels
Schéma complet annexé à l'A.R. du 8/10/1976 tel que modifié par l'A.R. du 12/9/1983

COMPTE DE RESULTATS

			Charges	Produits
6. CHARGES				
60.		Approvisionnements et marchandises (23)	II.A	
	600	Achats de matières premières	II.A.1	
	601	Achats de fournitures	II.A.1	
	602	Achats de services, travaux et études	II.A.1	
	603	Sous-traitances générales	II.A.1	
	604	Achats de marchandises	II.A.1	
	605	Achats d'immeubles destinés à la vente	II.A.1	
	608	Remises, ristournes et rabais obtenus (-) (24)	II.A.1	
	609	Variation des stocks	II.A.2	
		6090 de matières premières		
		6091 de fournitures		
		6094 de marchandises		
		6095 d'immeubles achetés destinés à la vente		
61.		Services et biens divers	II.B	
62.		Rémunérations, charges sociales et pensions	II.C	
	620	Rémunérations et avantages sociaux directs		
		6200 Administrateurs ou gérants (25)		
		6201 Personnel de direction		
		6202 Employés		
		6203 Ouvriers		
		6204 Autres membres du personnel		
	621	Cotisations patronales d'assurances sociales		
	622	Primes patronales pour assurances extra-légales		
	623	Autres frais de personnel		
	624	Pensions de retraite et de survie		
		6240 Administrateurs ou gérants (25)		
		6241 Personnel		

			Charges	Produits
63.	Amortissements, réductions de valeur et provisions pour risques et charges			
630		Dotations aux amortissements et aux réductions de valeur sur immobilisations	II.D	
	6300	Dotations aux amortissements sur frais d'établissement		
	6301	Dotations aux amortissements sur immobilisations incorporelles		
	6302	Dotations aux amortissements sur immobilisations corporelles		
	6308	Dotations aux réductions de valeur sur immobilisations incorporelles		
	6309	Dotation aux réductions de valeur sur immobilisations corporelles		
631		Réductions de valeur sur stocks	II.E	
	6310	Dotations		
	6311	Reprises (-)		
632		Réductions de valeur sur commandes en cours d'exécution	II.E	
	6320	Dotations		
	6321	Reprises (-)		
633		Réductions de valeur sur créances commerciales à plus d'un an	II.E	
	6330	Dotations		
	6331	Reprises (-)		
634		Réductions de valeur sur créances commerciales à un an au plus	II.E	
	6340	Dotations		
	6341	Reprises (-)		
635		Provisions pour pensions et obligations similaires	II.F	
	6350	Dotations		
	6351	Utilisations et reprises (-)		
636		Provisions pour grosses réparations et gros entretien	II.F	
	6360	Dotations		
	6361	Utilisations et reprises (-)		
637		Provisions pour autres risques et charges	II.F	
	6370	Dotations		
	6371	Utilisations et reprises (-)		

			Charges	Produits
64. Autres charges d'exploitation			II.G	
640	Charges fiscales d'exploitation			
641	Moins-values sur réalisations courantes d'immobilisations corporelles			
642	Moins-values sur réalisation de créances commerciales			
643 à 648	Charges d'exploitation diverses			
649	Charges d'exploitation portées à l'actif au titre de frais de restructuration (-)			
65. Charges financières			V	
650	Charges des dettes		V.A	
	6500	Intérêts, commissions et frais afférents aux dettes		
	6501	Amortissement des frais d'émission d'emprunts et des primes de remboursement		
	6502	Autres charges des dettes		
	6503	Intérêts intercalaires portés à l'actif (-)		
651	Réductions de valeur sur actifs circulants (26)		V.B	
	6510	Dotations		
	6511	Reprises (-)		
652	Moins-values sur réalisation d'actifs circulants (26)		V.C	
653	Charges d'escompte de créances		V.C	
654	Différences de change (27)		V.C	
655	Ecarts de conversion des devises (27)		V.C	
656 à 659	Charges financières diverses		V.C	
66. Charges exceptionnelles			VIII	
660	Amortissements et réductions de valeur exceptionnels (dotations)		VIII.A	
	6600	sur frais d'établissement		
	6601	sur immobilisations incorporelles		
	6602	sur immobilisations corporelles		
661	Réductions de valeur sur immobilisations financières (dotations)		VIII.B	
662	Provisions pour risques et charges exceptionnels (dotations)		VIII.C	
663	Moins-values sur réalisations d'actifs immobilisés		VIII.D	
664 à 668	Autres charges exceptionnelles		VIII.E	

		Charges	Produits
669	Charges exceptionnelles portées à l'actif au titre de frais de restructuration (-)		
67.	**Impôts sur le résultat**	X.A	
670	Impôts belges sur le résultat de l'exercice		
6700	Impôts et précomptes dus ou versés		
6701	Excédent de versements d'impôts et de précomptes portés à l'actif (-)		
6702	Charges fiscales estimées		
671	Impôts belges sur le résultat d'exercices antérieurs		
6710	Suppléments d'impôts dus ou versés		
6711	Suppléments d'impôts estimés		
6712	Provisions fiscales constituées		
672	Impôts étrangers sur le résultat de l'exercice		
673	Impôts étrangers sur le résultat d'exercices antérieurs		
68.	Transferts aux réserves immunisées	XII	
69.	Affectations et prélèvements		
690	Perte reportée de l'exercice précédent		
691	Affectation au capital et à la prime d'émission		
692	Dotation aux réserves		
6920	Dotation à la réserve légale		
6921	Dotation aux autres réserves		
693	Bénéfice à reporter		
694	Rémunération du capital		
695	Administrateurs ou gérants		
696	Autres allocataires		

7. PRODUITS

		Charges	Produits
70.	Chiffre d'affaires		I.A
700 à 707	Ventes et prestations de services		
708	Remises, ristournes et rabais accordés (-) (28)		
71.	Variation des stocks et des commandes en cours d'exécution		I.B
712	Des en-cours de fabrication		
713	Des produits finis		

		Charges	Produits
715	Des immeubles construits destinés à la vente		
717	Des commandes en cours d'exécution		
	7170 Valeur d'acquisition		
	7171 Bénéfice pris en compte		
72.	Production immobilisée		I.C
74.	Autres produits d'exploitation		I.D
740	Subsides d'exploitation et montants compensatoires		
741	Plus-values sur réalisations courantes d'immobilisations corporelles		
742	Plus-values sur réalisation de créances commerciales		
743 à 749	Produits d'exploitation divers		
75.	Produits financiers		IV
750	Produits des immobilisations financières		IV.A
751	Produits des actifs circulants (26)		IV.B
752	Plus-values sur réalisation d'actifs circulants (26)		IV.B
753	Subsides en capital et en intérêts		IV.C
754	Différences de change (27)		IV.C
755	Ecarts de conversion des devises (27)		IV.C
756 à 759	Produits financiers divers		IV.C
76.	Produits exceptionnels		VII
760	Reprises d'amortissements et de réduction de valeur		VII.A
	7600 sur immobilisations incorporelles		
	7601 sur immobilisations corporelles		
761	Reprises de réductions de valeur sur immobilisations financières		VII.B
762	Reprises de provisions pour risques et charges exceptionnels		VII.C
763	Plus-values sur réalisation d'actifs immobilisés		VII.D
764 à 769	Autres produits exceptionnels		VII.E
77.	Régularisations d'impôts et reprises de provisions fiscales		X.B
771	Impôts belges sur le résultat		
	7710 Régularisation d'impôts dus ou versés		
	7711 Régularisation d'impôts estimés		
	7712 Reprises de provisions fiscales		

Charges Produits

773 Impôts étrangers sur le résultat

78. Prélèvements sur les réserves immunisées

79. Affectations et prélèvements
- 790 Bénéfice reporté de l'exercice précédent
- 791 Prélèvement sur le capital et les primes d'émission
- 792 Prélèvement sur les réserves
- 793 Perte à reporter
- 794 Intervention d'associés (ou du propriétaire) dans la perte

0. DROITS ET ENGAGEMENTS HORS BILAN (29) (30)

00. Garanties constituées par des tiers pour compte de l'entreprise
- 000 Créanciers de l'entreprise, bénéficiaires de garanties de tiers
- 001 Tiers constituants de garanties pour compte de l'entreprise

01. Garanties personnelles constituées pour compte de tiers
- 010 Débiteurs pour engagements sur effets en circulation
- 011 Créanciers d'engagements sur effets en circulation
  - 0110 Effets cédés par l'entreprise sous son endos
  - 0111 Autres engagements sur effets en circulation
- 012 Débiteurs pour autres garanties personnelles
- 013 Créanciers d'autres garanties personnelles

02. Garanties réelles constituées sur avoirs propres
- 020 Créanciers de l'entreprise, bénéficiaires de garanties réelles
- 021 Garanties réelles constituées pour compte propre
- 022 Créanciers de tiers, bénéficiaires de garanties réelles
- 023 Garanties réelles constituées pour compte de tiers

03. Garanties reçues
- 030 Dépôts statutaires
- 031 Déposants statutaires

032 Garanties reçues
033 Constituants de garanties

04. Biens et valeurs détenus par des tiers en leur nom mais aux risques et profits de l'entreprise
040 Tiers, détenteurs en leur nom mais aux risques et profits de l'entreprise de biens et de valeurs
041 Biens et valeurs détenus par des tiers en leur nom mais aux risques et profits de l'entreprise

05. Engagements d'acquisition et de cession d'immobilisations
050 Engagements d'acquisition
051 Créanciers d'engagements d'acquisition
052 Débiteurs pour engagements de cession
053 Engagements de cession

06. Marchés à terme
060 Marchandises achetées à terme - à recevoir
061 Créanciers pour marchandises achetées à terme
062 Débiteurs pour marchandises vendues à terme
063 Marchandises vendues à terme - à livrer
064 Devises achetées à terme - à recevoir
065 Créanciers pour devises achetées à terme
066 Débiteurs pour devises vendues à terme
067 Devises vendues à terme - à livrer

07. Biens et valeurs de tiers détenus par l'entreprise
070 Droits d'usage à long terme
0700 Sur terrains et constructions
0701 Sur installations, machines et outillage
0702 Sur mobilier et matériel roulant
071 Créanciers de loyers et redevances
072 Biens et valeurs de tiers reçus en dépôt, en consignation ou à façon
073 Commettants et déposants de biens et de valeurs
074 Biens et valeurs détenus pour compte ou aux risques et profits de tiers
075 Créanciers de biens et valeurs détenus pour compte de tiers ou à leurs risques et profits

09. Droits et engagements divers

(1) Uniquement les plus-values actées antérieurement au début de l'exercice prenant cours après le 31 décembre 1983

(2) Y compris les reprises de réductions de valeur visées à l'article 44 de l'arrêté royal du 8 octobre 1976

(3) Uniquement les reprises de réductions de valeur visées à l'article 44 de l'arrêté royal du 8 octobre 1976

(4) A ventiler par catégories de risques et charges énumérées à l'article 19, al. 5, litt. c) de l'arrêté royal du 8 octobre 1976

(5) Les amortissements sur frais d'établissement sont portés au crédit des comptes concernés ou font l'objet de sous-comptes relatifs à ceux-ci.

(6) Ce compte ou ses subdivisions prévues au plan comptable de l'entreprise font l'objet de sous-comptes relatifs :

1° à la valeur d'acquisition

2° aux plus-values actées

3° aux amortissements ou réductions de valeur actés, portant respectivement les chiffres 0, 8 et 9 comme dernier chiffre de l'indice du sous-compte. Les entreprises ont toutefois la faculté de regrouper les plus-values, ainsi que les amortissements et réductions de valeur actés dans des comptes portant respectivement les indices 218 et 219, 228 et 229, 238 et 239, 248 et 249, 258 et 259, 268 et 269, 278 et 279. En ce cas, ces comptes doivent mentionner, de manière distincte, et selon les distinctions prévues au plan comptable de l'entreprise, les diverses catégories d'actifs auxquelles ces plus-values, amortissements et réductions de valeur se rapportent. Le 2° ci-dessus ne s'applique en ce qui concerne les immobilisations incorporelles que pour les plus-values actées avant le début de l'exercice prenant cours après le 31 décembre 1983.

(7) Ce compte n'est utilisé que lorsqu'une distinction n'est pas susceptible d'être opérée entre terrains et constructions ou lorsqu'une telle distinction n'est pas opérée, sous l'angle notamment des amortissements.

(8) Autres que ceux imputables aux comptes 213, 27 et 360.

(9) La subdivision de ce compte en fonction de la valeur d'acquisition et des réductions de valeur actées peut être remplacée par une subdivision selon d'autres critères (catégories de matières premières, de fournitures, de produits finis, de marchandises ou de biens, localisation ou destination de ceux-ci, etc). Dans ce cas, pour chacune de ces subdivisions, les sous-comptes ci-après doivent être ouverts :

1° valeur d'acquisition

2° réductions de valeur actéesportant respectivement les chiffres 0 et 9 comme dernier chiffre de l'indice du sous-compte.

(10) Ou prix du marché lorsque ce dernier prix lui est inférieur. Si, antérieurement au début de l'exercice prenant cours après le 31 décembre 1983, les stocks ont été réévalués à leur valeur de remplacement, cette réévaluation, si celle-ci subsiste, est soit comprise dans la valeur d'acquisition, soit mentionnée dans un sous-compte distinct.

(11) Article 31, alinéa 3 de l'arrêté royal du 8 octobre 1976

(12) La subdivision du compte 37 en sous-comptes 370, 371 et 379 peut être remplacée par une subdivision par commande comportant pour chacune d'elles la valeur d'acquisition, le bénéfice pris en compte et les réductions de valeur actées.

(13) Le transfert à ces comptes des créances à plus d'un an ou de la partie des créances échéant dans l'année ne doit être opéré qu'en fin d'exercice.

(14) Clients dont le compte présente un solde créditeur

(15) Les produits à recevoir peuvent également faire l'objet d'une subdivision du compte "400 Clients" ou être rattachés aux comptes des clients.

(16) Le transfert à ces comptes des dettes à plus d'un an ou de la partie des dettes échéant dans l'année ne doit être opéré qu'en fin d'exercice

(17) Ce compte n'est normalement alimenté qu'en fin d'exercice. L'écriture inverse est passée au début de la période suivante.

(18) Fournisseurs dont le compte présente un solde débiteur

(19) Les factures à recevoir peuvent également faire l'objet d'une subdivision du compte "440 Fournisseurs" ou être rattachées aux comptes des fournisseurs.

(20) Les valeurs échues transmises à un établissement de crédit pour encaissement peuvent également être imputées au compte «55 Etablissements de crédit».

(21) Si un compte courant présente en fin d'exercice un solde en faveur de l'établissement de crédit, ce solde est normalement transféré à cette date au compte «433 Etablissements de crédit - Dettes en compte courant». L'écriture inverse est passée au début de la période suivante.

(22) Les ordres de virement émis peuvent également être imputés à ce compte.

(23) La subdivision de ce compte en achats, d'une part, en variation de stocks, d'autre part, peut être remplacée par une subdivision selon d'autres critères (catégories de matières premières, de fournitures, de marchandises ou de biens, etc.). dans ce cas, pour chacune de ces subdivisions, des sous-comptes doivent être ouverts, pour les achats, d'une part, pour les variations de stocks, d'autre part, portant respectivement les chiffres 0 et 9 comme dernier chiffre de numéro du sous-compte. Cette subdivision doit correspondre à celle adoptée à la classe 3.

(24) Les remises, ristournes et rabais sur achats peuvent également faire l'objet de sous-comptes des comptes relatifs aux achats ; les remises, ristournes et rabais

obtenus sur des achats déterminés peuvent toutefois être portés directement aux comptes d'achats concernés.

(25) Ainsi que les commissaires non-réviseurs d'entreprises.

(26) Créances autres que commerciales, placements de trésorerie, valeurs disponibles

(27) Sauf dans la mesure où ces différences de change ou ces écarts de conversion des devises se rapportent de manière spécifique à d'autres postes du compte de résultats et y sont imputés à ce titre

(28) Les remises, ristournes et rabais sur ventes peuvent également faire l'objet de sous-comptes des comptes relatifs aux ventes ; les remises, ristournes et rabais accordés sur des ventes déterminées peuvent toutefois être portés directement aux comptes de ventes concernés.

(29) Les entreprises ont la faculté d'utiliser aussi pour le codage de ces comptes, à condition d'en respecter l'ordre et les subdivisions, les classes 8 et 9 ou certains comptes de ces classes.

(30) Sont portés dans les comptes de la classe 0, les droits et engagements autres que ceux qui doivent être portés dans les comptes des classes 1 à 5.

ANNEXE 2

AVERTISSEMENT

Le «Schéma complet des comptes annuels» ci-joint est celui prévu par l'arrêté royal du 30 décembre 1987, modifiant l'arrêté royal du 7 août 1973 relatif à la publicité des actes et documents des sociétés et des entreprises.

Cette présentation doit être utilisée pour les compte annuels relatifs à un exercice comptable clôturé à partir du 4 décembre 1987.

Exemplaire destiné — au Greffe du Tribunal de Commerce *
— à la Banque Nationale de Belgique *

(Formule IV, a)

COMPTES ANNUELS

C I.

RAISON OU DENOMINATION SOCIALE : ....

Forme juridique : ....

Adresse : .... N° : .... Bte :

Code postal : .... Commune : ....

Registre .... Lieu : .... N° : ....

Numéro de T.V.A. ou Numéro National [ ]

DATE [/ /] du dépôt de l'acte constitutif OU du document le plus récent mentionnant la date de publication des actes constitutif et modificatif(s) des statuts.

COMPTES ANNUELS AU [/ /] approuvés par l'assemblée générale du [/ /]

et relatifs à l'exercice couvrant la période du [/ /] au [/ /]

Exercice précédent du [/ /] au [/ /]

LISTE COMPLETE DES ADMINISTRATEURS, GERANTS ET COMMISSAIRES

....

(éventuellement suite page)

Nombre de pages déposées : .... (normalisées : .... ; non normalisées :)

Numéros des pages normalisées, non déposées parce que sans objet :

....

Le rapport de gestion — a été déposé au greffe du tribunal de commerce *
— peut être consulté et obtenu au siège social de la société *

Signature
(nom et qualité)

Signature
(nom et qualité)

* Biffer ce qui ne convient pas.

34 BELGISCH STAATSBLAD — 22.01.1988 — MONITEUR BELGE

NAT	GR	Date du dépôt	Pages	L	ZONE RESERVEE	N° FILM	PAGE	1	9
T.V.A.				F	CM / P / T			C2.	

	Codes	Exercice	Exercice précédent
		(en milliers de francs)	
1. BILAN APRES REPARTITION			
ACTIF			
ACTIFS IMMOBILISES	20/28		
I. Frais d'établissement (ann. I)	20		
II. Immobilisations incorporelles (ann. II)	21		
III. Immobilisations corporelles (ann. III)	22/27		
A. Terrains et constructions	22		
B. Installations, machines et outillage	23		
C. Mobilier et matériel roulant	24		
D. Location-financement et droits similaires	25		
E. Autres immobilisations corporelles	26		
F. Immobilisations en cours et acomptes versés	27		
IV. Immobilisations financières (ann. IV et V)	28		
A. Entreprises liées	280/1		
1. Participations	280		
2. Créances	281		
B. Autres entreprises avec lesquelles il existe un lien de participation	282/3		
1. Participations	282		
2. Créances	283		
C. Autres immobilisations financières	284/8		
1. Actions et parts	284		
2. Créances et cautionnements en numéraire	285/8		
ACTIFS CIRCULANTS	29/58		
V. Créances à plus d'un an	29		
A. Créances commerciales	290		
B. Autres créances	291		
VI. Stocks et commandes en cours d'exécution	3		
A. Stocks	30/36		
1. Approvisionnements	30/31		
2. En-cours de fabrication	32		
3. Produits finis	33		
4. Marchandises	34		
5. Immeubles destinés à la vente	35		
6. Acomptes versés	36		
B. Commandes en cours d'exécution	37		
VII. Créances à un an au plus	40/41		
A. Créances commerciales	40		
B. Autres créances	41		
VIII. Placements de trésorerie (ann. V et VI)	50/53		
A. Actions propres	50		
B. Autres placements	51/53		
IX. Valeurs disponibles	54/58		
X. Comptes de régularisation (ann. VII)	490/1		
TOTAL DE L'ACTIF	20/58		

T.V.A.			C 3.
	Codes	Exercice	Exercice précédent
		(en milliers de francs)	
PASSIF			
CAPITAUX PROPRES	10/15		
I. Capital (ann. VIII)	10		
A. Capital souscrit	100		
B. Capital non appelé (−)	101	( )	( )
II. Primes d'émission	11		
III. Plus-values de réévaluation	12		
IV. Réserves	13		
A. Réserve légale	130		
B. Réserves indisponibles	131		
1. Pour actions propres	1310		
2. Autres	1311		
C. Réserves immunisées	132		
D. Réserves disponibles	133		
V. { **Bénéfice reporté**	140		
{ **Perte reportée** (−)	141	( )	( )
VI. Subsides en capital	15		
PROVISIONS POUR RISQUES ET CHARGES **VII. Provisions pour risques et charges**	16		
A. Pensions et obligations similaires	160		
B. Charges fiscales	161		
C. Grosses réparations et gros entretien	162		
D. Autres risques et charges (ann. IX)	163/9		
DETTES	17/49		
VIII. Dettes à plus d'un an (ann. X)	17		
A. Dettes financières	170/4		
1. Emprunts subordonnés	170		
2. Emprunts obligataires non subordonnés	171		
3. Dettes de location-financement et assimilées	172		
4. Etablissements de crédit	173		
5. Autres emprunts	174		
B. Dettes commerciales	175		
1. Fournisseurs	1750		
2. Effets à payer	1751		
C. Acomptes reçus sur commandes	176		
D. Autres dettes	178/9		
IX. Dettes à un an au plus (ann. X)	42/48		
A. Dettes à plus d'un an échéant dans l'année	42		
B. Dettes financières	43		
1. Etablissements de crédit	430/8		
2. Autres emprunts	439		
C. Dettes commerciales	44		
1. Fournisseurs	440/4		
2. Effets à payer	441		
D. Acomptes reçus sur commandes	46		
E. Dettes fiscales, salariales et sociales	45		
1. Impôts	450/3		
2. Rémunérations et charges sociales	454/9		
F. Autres dettes	47/48		
X. Comptes de régularisation (ann. XI)	492/3		
TOTAL DU PASSIF	10/49		

T.V.A.		C4.

2. COMPTE DE RESULTATS
(sous la forme de liste)

	Codes	Exercice	Exercice précédent
		(en milliers de francs)	
I. Ventes et prestations	70/74		
A. Chiffre d'affaires (ann. XII, A)	70		
B. Variation des en-cours de fabrication, des produits finis et des commandes en cours d'exécution (augmentation +, réduction −)	71		
C. Production immobilisée	72		
D. Autres produits d'exploitation (ann. XII, B)	74		
II. Coût des ventes et des prestations (−)	60/64	( )	( )
A. Approvisionnements et marchandises	60		
1. Achats	600/8		
2. Variation des stocks (augmentation −, réduction +)	609		
B. Services et biens divers	61		
C. Rémunérations,* charges sociales et pensions (ann. XII, C2)	62		
D. Amortissements et réductions de valeur sur frais d'établissement, sur immobilisations incorporelles et corporelles	630		
E. Réductions de valeur sur stocks, sur commandes en cours d'exécution et sur créances commerciales (dotations +, reprises −) (ann. XII, D)	631/4		
F. Provisions pour risques et charges (dotations +, utilisations et reprises −) (ann. XII, C3 et E)	635/7		
G. Autres charges d'exploitation (ann. XII, F)	640/8		
H. Charges d'exploitation portées à l'actif au titre de frais de restructuration (−)	649	( )	( )
III. Bénéfice d'exploitation (+)	70/64		
Perte d'exploitation (−)	64/70	( )	( )
IV. Produits financiers	75		
A. Produits des immobilisations financières	750		
B. Produits des actifs circulants	751		
C. Autres produits financiers (ann. XIII, A)	752/9		
V. Charges financières (−)	65	( )	( )
A. Charges des dettes (ann. XIII, B)	650		
B. Réductions de valeur sur actifs circulants autres que ceux visés sub. II.E. (dotations +, reprises −) (ann. XIII, C)	651		
C. Autres charges financières (ann. XIII, D)	652/9		
VI. Bénéfice courant avant impôts (+)	70/65		
Perte courante avant impôts (−)	65/70	( )	( )

T.V.A.				C 5.
	Codes	Exercice	Exercice précédent	
		(en milliers de francs)		

2. COMPTE DE RESULTATS
(sous la forme de liste) (suite)

	Codes	Exercice	Exercice précédent
VI. Bénéfice courant avant impôts . . . . (+)	*(70/65)*		
Perte courante avant impôts . . . . (−)	*(65/70)*	( )	( )
VII. Produits exceptionnels	76		
A. Reprises d'amortissements et de réductions de valeur sur immobilisations incorporelles et corporelles	760		
B. Reprises de réductions de valeur sur immobilisations financières	761		
C. Reprises de provisions pour risques et charges exceptionnels	762		
D. Plus-values sur réalisation d'actifs immobilisés .	763		
E. Autres produits exceptionnels (ann. XIV, A) .	764/9		
VIII. Charges exceptionnelles . . . . . . (−)	66	( )	( )
A. Amortissements et réductions de valeur exceptionnels sur frais d'établissement, sur immobilisations incorporelles et corporelles	660		
B. Réductions de valeur sur immobilisations financières	661		
C. Provisions pour risques et charges exceptionnels	662		
D. Moins-values sur réalisation d'actifs immobilisés	663		
E. Autres charges exceptionnelles (ann. XIV, B) .	664/8		
F. Charges exceptionnelles portées à l'actif au titre de frais de restructuration . . . . (−)	669	( )	( )
IX. Bénéfice de l'exercice avant impôts . (+)	70/66		
Perte de l'exercice avant impôts . . (−)	66/70	( )	( )
X. Impôts sur le résultat . . . . . (−)(+)	67/77		
A. Impôts (ann. XV) . . . . (−)	670/3	( )	( )
B. Régularisations d'impôts et reprises de provisions fiscales	77		
XI. Bénéfice de l'exercice . . . . . (+)	70/67		
Perte de l'exercice . . . . (−)	67/70	( )	( )
XII. Prélèvements sur les réserves immunisées .	78		
Transfert aux réserves immunisées . . (−)	68	( )	( )
XIII. Bénéfice de l'exercice à affecter . . .	*(70/68)*		
Perte de l'exercice à affecter . . . (−)	*(68/70)*	( )	( )

T.V.A.			C 4.bis
	Codes	Exercice	Exercice précédent
		(en milliers de francs)	
2. COMPTE DE RESULTATS *(sous la forme de compte)*			
CHARGES			
II. Coût des ventes et des prestations	60/64		
A. Approvisionnements et marchandises	60		
1. Achats	600/8		
2. Variation des stocks (augmentation −, réduction +)	609		
B. Services et biens divers	61		
C. Rémunérations, charges sociales et pensions (ann. XII, C2)	62		
D. Amortissements et réductions de valeur sur frais d'établissement, sur immobilisations incorporelles et corporelles	630		
E. Réductions de valeur sur stocks, sur commandes en cours d'exécution et sur créances commerciales (dotations +, reprises −) (ann. XII, D)	631/4		
F. Provisions pour risques et charges (dotations +, utilisations et reprises −) (ann. XII, C3 et E)	635/7		
G. Autres charges d'exploitation (ann. XII, F).	640/8		
H. Charges d'exploitation portées à l'actif au titre de frais de restructuration (−)	649	( )	( )
V. Charges financières	65		
A. Charges des dettes (ann. XIII, B)	650		
B. Réductions de valeur sur actifs circulants autres que ceux visés sub II.E (dotations +, reprises −) (ann. XIII, C)	651		
C. Autres charges financières (ann. XIII, D)	652/9		
VIII. Charges exceptionnelles	66		
A. Amortissements et réductions de valeur exceptionnels sur frais d'établissement, sur immobilisations incorporelles et corporelles	660		
B. Réductions de valeur sur immobilisations financières	661		
C. Provisions pour risques et charges exceptionnels	662		
D. Moins-values sur réalisation d'actifs immobilisés	663		
E. Autres charges exceptionnelles (ann. XIV, B)	664/8		
F. Charges exceptionnelles portées à l'actif au titre de frais de restructuration (−)	669	( )	( )
X. A. Impôts (ann. XV)	670/3		
XI. Bénéfice de l'exercice	70/67		
TOTAL	60/67		
XII. Transfert aux réserves immunisées	68		
XIII. Bénéfice de l'exercice à affecter	*(70/68)*		

T.V.A. | C5.bis

2. COMPTE DE RESULTATS
(sous la forme de compte)

PRODUITS	Codes	Exercice	Exercice précédent
		(en milliers de francs)	
I. Ventes et prestations	70/74		
A. Chiffre d'affaires (ann. XII, A)	70		
B. Variation des en-cours de fabrication, des produits finis et des commandes en cours d'exécution (augmentation +, réduction −)	71		
C. Production immobilisée	72		
D. Autres produits d'exploitation (ann. XII, B)	74		
IV. Produits financiers	75		
A. Produits des immobilisations financières	750		
B. Produits des actifs circulants	751		
C. Autres produits financiers (ann. XIII, A)	752/9		
VII. Produits exceptionnels	76		
A. Reprises d'amortissements et de réductions de valeur sur immobilisations incorporelles et corporelles	760		
B. Reprises de réductions de valeur sur immobilisations financières	761		
C. Reprises de provisions pour risques et charges exceptionnels	762		
D. Plus-values sur réalisation d'actifs immobilisés	763		
E. Autres produits exceptionnels (ann. XIV, A)	764/9		
X. B. **Régularisations d'impôts et reprises de provisions fiscales**	77		
XI. Perte de l'exercice	67/70		
TOTAL	70/77		
XII. Prélèvements sur les réserves immunisées	78		
XIII. Perte de l'exercice à affecter	(68/70)		

T.V.A.	

C6.

AFFECTATIONS ET PRELEVEMENTS

	Codes	Exercice	Exercice précédent
		(en milliers de francs)	
A. Bénéfice à affecter	70/69		
Perte à affecter (–)	69/70	( )	( )
1. Bénéfice de l'exercice à affecter	70/68		
Perte de l'exercice à affecter (–)	68/70	( )	( )
2. Bénéfice reporté de l'exercice précédent	790		
Perte reportée de l'exercice précédent (–)	690	( )	( )
B. Prélèvements sur les capitaux propres	791/2		
1. sur le capital et les primes d'émission	791		
2. sur les réserves	792		
C. Affectations aux capitaux propres (–)	691/2	( )	( )
1. au capital et aux primes d'émission	691		
2. à la réserve légale	6920		
3. aux autres réserves	6921		
D. Résultat à reporter			
1. Bénéfice à reporter (–)	693	( )	( )
2. Perte à reporter	793		
E. Intervention d'associés dans la perte	794		
F. Bénéfice à distribuer (–)	694/6	( )	( )
1. Rémunération du capital	694		
2. Administrateurs ou gérants	695		
3. Autres allocataires	696		

3. ANNEXE

I. ETAT DES FRAIS D'ETABLISSEMENT, *en milliers de francs* (rubrique 20 de l'actif)

	Codes	Montants
Valeur comptable nette au terme de l'exercice précédent	8001	
Mutations de l'exercice :		
. Nouveaux frais engagés	8002	
. Amortissements (–)	8003	( )
. Autres (+)(–)	8004	
Valeur comptable nette au terme de l'exercice	8005	
dont : — Frais de constitution et d'augmentation de capital, frais d'émission d'emprunts, primes de remboursement et autres frais d'établissement	200/2	
— Frais de restructuration	204	

BELGISCH STAATSBLAD — 22.01.1988 — MONITEUR BELGE 841

T.V.A.		C7.

II. ETAT DES IMMOBILISATIONS INCORPORELLES, *en milliers de francs* (rubrique 21 de l'actif)

	Codes	1 Frais de recherche et de développement	2 Concessions, brevets, licences, etc.
a) VALEUR D'ACQUISITION			
Au terme de l'exercice précédent	801		
Mutations de l'exercice :			
. Acquisitions, y compris la production immobilisée	802		
. Cessions et désaffectations (–)	803	( )	( )
. Transferts d'une rubrique à une autre (+)(–)	804		
Au terme de l'exercice	805		
c) AMORTISSEMENTS ET REDUCTIONS DE VALEUR (–)			
Au terme de l'exercice précédent	806		
Mutations de l'exercice :			
. Actés	807		
. Repris (–)	808	( )	( )
. Acquis de tiers	809		
. Annulés (–)	810	( )	( )
. Transférés d'une rubrique à une autre (+)(–)	811		
Au terme de l'exercice	812		
d) VALEUR COMPTABLE NETTE AU TERME DE L'EXERCICE (a) – (c)	813		

	Codes	3 Goodwill	4 Acomptes versés
a) VALEUR D'ACQUISITION			
Au terme de l'exercice précédent	801		
Mutations de l'exercice :			
. Acquisitions, y compris la production immobilisée	802		
. Cessions et désaffectations (–)	803	( )	( )
. Transferts d'une rubrique à une autre (+)(–)	804		
Au terme de l'exercice	805		
c) AMORTISSEMENTS ET REDUCTIONS DE VALEUR (–)			
Au terme de l'exercice précédent	806		
Mutations de l'exercice :			
. Actés	807		
. Repris (–)	808	( )	( )
. Acquis de tiers	809		
. Annulés (–)	810	( )	( )
. Transférés d'une rubrique à une autre (+)(–)	811		
Au terme de l'exercice	812		
d) VALEUR COMPTABLE NETTE AU TERME DE L'EXERCICE (a) – (c)	813		

T.V.A.		C8.

III. ETAT DES IMMOBILISATIONS CORPORELLES, *en milliers de francs* (rubriques 22 à 27 de l'actif)

	Codes	1 Terrains et constructions *(rubrique 22)*	2 Installations, machines et outillage *(rubrique 23)*	3 Mobilier et matériel roulant *(rubrique 24)*	4 Location-financement et droits similaires *(rubrique 25)*	5 Autres immobilisations corporelles *(rubrique 26)*	6 Immobilisations en cours et acomptes *(rubrique 27)*
a) VALEUR D'ACQUISITION							
Au terme de l'exercice précédent . . .	815						
Mutations de l'exercice :							
. Acquisitions, y compris la production immobilisée	816						
. Cessions et désaffectations . . . . (–)	817	( )	( )	( )	( )	( )	( )
. Transferts d'une rubrique à une autre . . . . (+)(–)	818						
Au terme de l'exercice	819						
b) PLUS-VALUES							
Au terme de l'exercice précédent . . .	820						
Mutations de l'exercice :							
. Actées	821						
. Acquises de tiers	822						
. Annulées . . . . (–)	823	( )	( )	( )	( )	( )	( )
. Transférées d'une rubrique à une autre . . . . (+)(–)	824						
Au terme de l'exercice	825						
c) AMORTISSEMENTS ET REDUCTIONS DE VALEUR (–)							
Au terme de l'exercice précédent . . .	826						
Mutations de l'exercice :							
. Actés	827						
. Repris . . . . (–)	828	( )	( )	( )	( )	( )	( )
. Acquis de tiers	829						
. Annulés . . . . (–)	830	( )	( )	( )	( )	( )	( )
. Transférés d'une rubrique à une autre . . . . (+)(–)	831						
Au terme de l'exercice	832						
d) VALEUR COMPTABLE NETTE AU TERME DE L'EXERCICE (a) + (b) – (c)	833						
dont : . terrains et constructions . . .	250						
. installations, machines et outillage	251						
. mobilier et matériel roulant . .	252						

T.V.A. C9.

IV. ETAT DES IMMOBILISATIONS FINANCIERES, *en milliers de francs* (rubrique 28 de l'actif)

	Codes	Entreprises 1 liées	Entreprises 2 avec un lien de participation	Entreprises 3 autres
1. Participations, actions et parts		*(rubrique 280)*	*(rubrique 282)*	*(rubrique 284)*
a) VALEUR D'ACQUISITION				
Au terme de l'exercice précédent	835			
Mutations de l'exercice :				
. Acquisitions	836			
. Cessions et retraits (−)	837	( )	( )	( )
. Transferts d'une rubrique à une autre (+)(−)	838			
Au terme de l'exercice	839			
b) PLUS-VALUES				
Au terme de l'exercice précédent	840			
Mutations de l'exercice :				
. Actées	841			
. Acquises de tiers	842			
. Annulées (−)	843	( )	( )	( )
. Transférées d'une rubrique à une autre (+)(−)	844			
Au terme de l'exercice	845			
c) REDUCTIONS DE VALEUR (−)				
Au terme de l'exercice précédent	846			
Mutations de l'exercice :				
. Actées	847			
. Reprises (−)	848	( )	( )	( )
. Acquises de tiers	849			
. Annulées (−)	850	( )	( )	( )
. Transférées d'une rubrique à une autre (+)(−)	851			
Au terme de l'exercice	852			
d) MONTANTS NON APPELES (−)				
Au terme de l'exercice précédent	853			
Mutations de l'exercice (+)(−)	854			
Au terme de l'exercice	855			
VALEUR COMPTABLE NETTE AU TERME DE L'EXERCICE (a) + (b) − (c) − (d)	856			
2. Créances		*(rubrique 281)*	*(rubrique 283)*	*(rubrique 285/8)*
VALEUR COMPTABLE NETTE AU TERME DE L'EXERCICE PRECEDENT	857			
Mutations de l'exercice :				
. Additions	858			
. Remboursements (−)	859	( )	( )	( )
. Réductions de valeur actées (−)	860	( )	( )	( )
. Réductions de valeur reprises	861			
. Différences de change (+)(−)	862			
. Autres (+)(−)	863			
VALEUR COMPTABLE NETTE AU TERME DE L'EXERCICE	864			
REDUCTIONS DE VALEUR CUMULEES AU TERME DE L'EXERCICE	865			

T.V.A.

C 10.

V. PARTICIPATIONS ET ACTIONS DETENUES DANS D'AUTRES SOCIETES

Sont mentionnées ci-après, les sociétés dans lesquelles l'entreprise détient une participation au sens de l'arrêté royal du 8 octobre 1976 (comprise dans les rubriques 280 et 282 de l'actif) ainsi que les autres sociétés dans lesquelles l'entreprise détient des actions (comprises dans les rubriques 284 et 51/53 de l'actif) lorsque ces actions représentent 10 % au moins du capital souscrit.

Dénomination et siège	Actions détenues			Données extraites des derniers comptes annuels disponibles			
	directement		par filiales et sous-filiales	Comptes annuels arrêtés au	Unités monétaires	Capitaux propres	Résultat net
	Nombre	%	%			(+) ou (–) (en milliers d'unités monétaires)	

T.V.A.		C 11.

VI. PLACEMENTS DE TRESORERIE, AUTRES PLACEMENTS, *en milliers de francs* (rubrique 51/53 de l'actif)

	Codes	Exercice	Exercice précédent
Actions et parts	51		
Valeur comptable augmentée du montant non appelé	8681		
Montant non appelé . . . (−)	8682	( )	( )
Titres à revenu fixe	52		
dont émis par des établissements de crédit	8684		
Comptes à terme détenus auprès des établissements de crédit	53		
avec une durée résiduelle ou de préavis :			
. d'un mois au plus	8686		
. de plus d'un mois à un an au plus	8687		
. de plus d'un an	8688		
Autres placements de trésorerie non repris ci-avant	8689		

VII. COMPTES DE REGULARISATION, *en milliers de francs*

	Exercice
Ventilation de la rubrique 490/1 de l'actif si celle-ci représente un montant important.	

VIII. ETAT DU CAPITAL

	Codes	Montants en milliers de francs	Nombre d'actions
A. CAPITAL SOCIAL			
1. **Capital souscrit** (rubrique 100 du passif)			
— Au terme de l'exercice précédent	8700		xxxxxxxxxxxxxxxxx
— Modifications au cours de l'exercice :			
— Au terme de l'exercice	8701		xxxxxxxxxxxxxxxxx
2. **Représentation du capital**			
2.1. Catégories d'actions			
2.2. Actions nominatives ou au porteur			
Nominatives	8702	xxxxxxxxxxxxxxxxx	
Au porteur	8703	xxxxxxxxxxxxxxxxx	

T.V.A.		C 12.

VIII. ETAT DU CAPITAL (suite)

	Codes	1 Montant non appelé *(rubrique 101)*	2 Montant appelé, non versé
		(en francs)	
B. CAPITAL NON LIBERE Actionnaires redevables de libération			
(suite éventuellement page)			
TOTAL	871		

	Codes	1 Montant du capital détenu *(En milliers de francs)*	2 Nombre correspondant d'actions
C. ACTIONS PROPRES détenues par			
— la société elle-même.	872		
— ses filiales et sous-filiales	873		
D. ENGAGEMENTS D'EMISSION D'ACTIONS *(montants en milliers de francs)*			
1. Suite à l'exercice de droits de CONVERSION			
Montant des emprunts convertibles en cours.	8740		
Montant du capital à souscrire	8741		
. Nombre maximum correspondant d'actions à émettre . . .	8742		
2. Suite à l'exercice de droits de SOUSCRIPTION			
Nombre de droits de souscription en circulation	8745		
. Montant du capital à souscrire	8746		
. Nombre maximum correspondant d'actions à émettre . . .	8747		
E. CAPITAL AUTORISE NON SOUSCRIT . . . . . . *(en milliers de francs)*	8751		

	Codes	1 Nombre de parts	2 Nombre de voix qui y sont attachées
F PARTS NON REPRESENTATIVES DU CAPITAL	876		
dont — détenues par la société elle-même	877		
— détenues par les filiales et sous-filiales	878		

IX PROVISIONS POUR AUTRES RISQUES ET CHARGES, *en milliers de francs*

	Exercice
Ventilation de la rubrique 163/9 du passif si celle-ci représente un montant important	

T.V.A.		C 13.

X. ETAT DES DETTES, *en milliers de francs*

A. VENTILATION DES DETTES A L'ORIGINE A PLUS D'UN AN, EN FONCTION DE LEUR DUREE RESIDUELLE

	Codes	DETTES (OU PARTIE DES DETTES)		
		1 échéant dans l'année	2 ayant plus d'un an mais 5 ans au plus à courir	3 ayant plus de 5 ans à courir
		(rubrique 42)	(rubrique 17)	
Dettes financières	880			
1. Emprunts subordonnés	881			
2. Emprunts obligataires non subordonnés	882			
3. Dettes de location-financement et assimilées	883			
4. Etablissements de crédit	884			
5. Autres emprunts	885			
Dettes commerciales	886			
1. Fournisseurs	887			
2. Effets à payer	888			
Acomptes reçus sur commandes	889			
Autres dettes	890			
TOTAL	891			

B. DETTES GARANTIES
(comprises dans les rubriques 17 et 42/48 du passif)

	Codes	DETTES (OU PARTIE DES DETTES) GARANTIES PAR	
		1 les pouvoirs publics belges	2 des sûretés réelles constituées sur les actifs de l'entreprise
Dettes financières	892		
1. Emprunts subordonnés	893		
2. Emprunts obligataires non subordonnés	894		
3. Dettes de location-financement et assimilées	895		
4. Etablissements de crédit	896		
5. Autres emprunts	897		
Dettes commerciales	898		
1. Fournisseurs	899		
2. Effets à payer	900		
Acomptes reçus sur commandes	901		
Dettes fiscales, salariales et sociales	902		
1. Impôts	903		
2. Rémunérations et charges sociales	904		
Autres dettes	905		
TOTAL	906		

C. DETTES FISCALES, SALARIALES ET SOCIALES

	Codes	Exercice
1. **Impôts** (rubrique 450/3 du passif)		
a) Dettes fiscales échues	9072	
b) Dettes fiscales non échues	9073	
c) Dettes fiscales estimées	450	
2. **Rémunérations et charges sociales** (rubrique 454/9 du passif)		
a) Dettes échues envers l'Office National de Sécurité Sociale	9076	
b) Autres dettes salariales et sociales	9077	

T.V.A.		C 14.

XI. COMPTES DE REGULARISATION, *en milliers de francs*

	Exercice
Ventilation de la rubrique 492/3 du passif si celle-ci représente un montant important.	

XII. RESULTATS D'EXPLOITATION, *en milliers de francs*, sauf C1

A. **CHIFFRE D'AFFAIRES NET** (rubrique 70)
Ventilation par catégorie d'activité et marché géographique **à communiquer en annexe au document normalisé**, dans la mesure où, du point de vue de l'organisation de la vente des produits et de la prestation des services relevant des activités ordinaires de l'entreprise, ces catégories et marchés diffèrent entre eux de façon considérable.

	Codes	Exercice	Exercice précédent
B. **AUTRES PRODUITS D'EXPLOITATION** (rubrique 74)			
dont :			
subsides d'exploitation et montants compensatoires obtenus des pouvoirs publics	740		
C1. **EFFECTIF MOYEN DU PERSONNEL**	9090		
Ouvriers	9091		
Employés	9092		
Personnel de direction	9093		
Autres	9094		
C2. **FRAIS DE PERSONNEL** (rubrique 62)			
a) Rémunérations et avantages sociaux directs	620		
b) Cotisations patronales d'assurances sociales	621		
c) Primes patronales pour assurances extra-légales	622		
d) Autres frais de personnel	623		
e) Pensions	624		
C3. **PROVISIONS POUR PENSIONS** (comprises dans la rubrique 635/7)			
Dotations (+); utilisations et reprises (−)	635		
D. **REDUCTIONS DE VALEUR** (Rubrique 631/4)			
1. Sur stocks et commandes en cours			
. actées	9110		
. reprises (−)	9111	( )	( )
2. Sur créances commerciales			
. actées	9112		
. reprises (−)	9113	( )	( )
E. **PROVISIONS POUR RISQUES ET CHARGES** (rubrique 635/7)			
Constitutions	9115		
Utilisations et reprises (−)	9116	( )	( )
F. **AUTRES CHARGES D'EXPLOITATION** (rubrique 640/8)			
Impôts et taxes relatifs à l'exploitation	640		
Autres	641/8		

T.V.A.		C 15.

	Codes	Exercice	Exercice précédent
XIII. RESULTATS FINANCIERS, *en milliers de francs*			
A. AUTRES PRODUITS FINANCIERS (rubrique 752/9) Subsides accordés par les pouvoirs publics et imputés au compte de résultats :			
. subsides en capital	9125		
. subsides en intérêts	9126		
Ventilation des autres produits, s'ils sont importants.			
B. INTERETS PORTES A L'ACTIF	6503		
C. REDUCTIONS DE VALEUR SUR ACTIFS CIRCULANTS (rubrique 651)			
Actées	6510		
Reprises (–)	6511	( )	( )
D. AUTRES CHARGES FINANCIERES (rubrique 652/9) Montant de l'escompte à charge de l'entreprise sur la négociation de créances	653		
Ventilation des autres charges, si elles sont importantes.			

	Codes	Exercice
XIV. RESULTATS EXCEPTIONNELS, *en milliers de francs*		
A. Ventilation des AUTRES PRODUITS EXCEPTIONNELS (rubrique 764/9), **s'ils sont importants.**		
B. Ventilation des AUTRES CHARGES EXCEPTIONNELLES (rubrique 664/8) **si elles sont importantes.**		
XV. IMPOTS SUR LE RESULTAT, *en milliers de francs*		
A. DETAIL DE LA RUBRIQUE 670/3		
1. Impôts sur le résultat de l'exercice :	9134	
a. Impôts et précomptes dus ou versés	9135	
b. Excédent de versements d'impôts ou de précomptes porté à l'actif (–)	9136	( )
c. Suppléments d'impôts estimés (portés à la rubrique 450/3 du passif)	9137	
2. Impôts sur le résultat d'exercices antérieurs :	9138	
a. Suppléments d'impôts dus ou versés	9139	
b. Suppléments d'impôts estimés (portés à la rubrique 450/3 du passif) ou provisionnés (portés à la rubrique 161 du passif)	9140	

T.V.A.		C 16.

XV. IMPOTS SUR LE RESULTAT, *en milliers de francs* (suite)

B. PRINCIPALES SOURCES DES DISPARITES ENTRE LE BENEFICE, AVANT IMPOTS, exprimé dans les comptes **ET LE BENEFICE TAXABLE ESTIME**, avec mention particulière de celles découlant de décalages dans le temps entre le bénéfice comptable et le bénéfice fiscal (si le résultat de l'exercice en est influencé de manière sensible au niveau des impôts)

Exercice

C. INCIDENCE DES RESULTATS EXCEPTIONNELS SUR LE MONTANT DES IMPOTS SUR LE RESULTAT DE L'EXERCICE

	Codes	Exercice
D. SOURCES DE LATENCES FISCALES (dans la mesure où ces indications sont importantes pour l'appréciation de la situation financière de l'entreprise)		
1. Latences actives	9141	
— Pertes fiscales cumulées, déductibles des bénéfices taxables ultérieurs	9142	
2. Latences passives	9144	

XVI. AUTRES TAXES ET IMPOTS A CHARGE DE TIERS, *en milliers de francs*

	Codes	Exercice	Exercice précédent
A. Taxes sur la valeur ajoutée, taxes d'égalisation et taxes spéciales portées en compte :			
1. à l'entreprise (déductibles)	9145		
2. par l'entreprise	9146		
B. Montants retenus à charge de tiers, au titre de :			
1. précompte professionnel.	9147		
2. précompte mobilier	9148		

XVII. DROITS ET ENGAGEMENTS HORS BILAN, *en milliers de francs*

	Codes	Exercice
Garanties personnelles constituées ou irrévocablement promises par l'entreprise pour sûreté de dettes ou d'engagements de tiers	9149	
dont :		
Effets de commerce en circulation endossés par l'entreprise	9150	
Effets de commerce en circulation tirés ou avalisés par l'entreprise	9151	
Montant maximum à concurrence duquel d'autres engagements de tiers sont garantis par l'entreprise	9153	

BELGISCH STAATSBLAD — 22.01.1988 — MONITEUR BELGE 851

T.V.A. | C 17.

XVII. DROITS ET ENGAGEMENTS HORS BILAN, *en milliers de francs* (suite)

	Codes	Exercice — pour sureté de dettes et engagements: 1 de l'entreprise	2 de tiers
Garanties réelles constituées ou irrévocablement promises par l'entreprise sur ses actifs propres			
. Hypothèques :			
.. valeur comptable des immeubles grevés	916		
.. montant de l'inscription	917		
. Gage sur fonds de commerce :			
.. montant de l'inscription	918		
. Gages sur d'autres actifs :			
.. valeur comptable des actifs gagés	919		
. Sûretés constituées sur actifs futurs :			
.. montant des actifs en cause	920		

	Codes	Exercice
Biens et valeurs détenus par des tiers en leur nom mais aux risques et profits de l'entreprise, s'ils ne sont pas portés au bilan :		
Engagements importants d'acquisition d'immobilisations		
Engagements importants de cession d'immobilisations		
Marchés à terme :		
. Marchandises achetées (à recevoir)	9213	
. Marchandises vendues (à livrer)	9214	
. Devises achetées (à recevoir)	9215	
. Devises vendues (à livrer)	9216	

Engagements résultant de garanties techniques attachées à des ventes ou prestations déjà effectuées

(éventuellement suite page

Litiges importants et autres engagements importants

(éventuellement suite page

T.V.A. C 18.

XVII. **DROITS ET ENGAGEMENTS HORS BILAN,** *en milliers de francs* (suite)

Le cas échéant, description succincte du régime complémentaire de pension de retraite ou de survie instauré au profit du personnel ou des dirigeants et des mesures prises pour en couvrir la charge

	Code	Exercice
Pensions dont le service incombe à l'entreprise elle-même :		
. montant estimé des engagements résultant pour l'entreprise de prestations déjà effectuées	9220	

. bases et méthodes de cette estimation

XVIII. **RELATIONS AVEC LES ENTREPRISES LIEES ET LES ENTREPRISES AVEC LESQUELLES IL EXISTE UN LIEN DE PARTICIPATION,** *en milliers de francs*

	Codes	ENTREPRISES LIEES		ENTREPRISES AVEC LIEN DE PARTICIPATION	
		Exercice	Exercice précédent	Exercice	Exercice précédent
1. IMMOBILISATIONS FINANCIERES	925				
. participations	926				
. créances : subordonnées	927				
autres	928				
2. CREANCES	929				
. à plus d'un an	930				
. à un an au plus	931				
3. PLACEMENTS DE TRESORERIE	932				
. actions	933				
. créances	934				
4. DETTES	935				
. à plus d'un an	936				
. à un an au plus	937				

	Codes	ENTREPRISES LIEES (SUITE)	
		Exercice	Exercice précédent
5. – GARANTIES PERSONNELLES ET REELLES constituées ou irrévocablement promises par l'entreprise pour sûreté de dettes ou d'engagements d'entreprises liées	938		
– GARANTIES PERSONNELLES ET REELLES constituées ou irrévocablement promises par des entreprises liées pour sûreté de dettes ou d'engagements de l'entreprise	939		
6. AUTRES ENGAGEMENTS FINANCIERS SIGNIFICATIFS	940		

T.V.A. C 19.

XVIII. RELATIONS AVEC LES ENTREPRISES LIEES ET LES ENTREPRISES AVEC LESQUELLES IL EXISTE UN LIEN DE PARTICIPATION, *en milliers de francs* (suite)

	Codes	ENTREPRISES LIEES		ENTREPRISES AVEC LIEN DE PARTICIPATION	
		Exercice	Exercice précédent	Exercice	Exercice précédent
7. RESULTATS FINANCIERS					
. PRODUITS					
.. des immobilisations financières	942				
.. des actifs circulants	943				
.. autres produits financiers	944				
. CHARGES					
.. des dettes	946				
.. autres charges financières	947				
8. CESSION D'ACTIFS IMMOBILISES					
. plus-values réalisées	948				
. moins-values réalisées	949				

Si l'entreprise détient dans une autre entreprise une participation à laquelle est attachée la moitié au moins du nombre des voix présentes ou représentées à la dernière assemblée générale de cette autre entreprise, mais ne considère pas celle-ci comme une filiale ou une sous-filiale :

Entreprise dans laquelle la participation est détenue	Motif pour lequel elle n'est pas considérée comme filiale ou sous-filiale

XIX. RELATIONS FINANCIERES, *en milliers de francs,* AVEC LES ADMINISTRATEURS ET GERANTS

	Codes	Exercice
A. Créances existant à charge des administrateurs et gérants	9500	
B. Garanties constituées en leur faveur	9501	
C. Autres engagements significatifs souscrits en leur faveur	9502	
D. Rémunérations directes et indirectes et pensions attribuées, à charge du compte de résultats, pour autant que cette mention ne porte pas à titre exclusif ou principal sur la situation d'une seule personne identifiable :		
— aux administrateurs et gérants	9503	
— aux anciens administrateurs et anciens gérants	9504	

Conditions principales relatives aux postes 9500, 9501 et 9502.

T.V.A.		C 20.

L'entreprise peut mentionner ci-après :

- la suite des informations si l'espace prévu dans le document normalisé s'avérait insuffisant (voir, par exemple, la page C 1 en ce qui concerne la liste complète des administrateurs, gérants et commissaires en fonction)
- le rapport des commissaires ou, le cas échéant, les conclusions de ce rapport
- s'il y a lieu, les informations complémentaires exigées par les articles de l'arrêté royal du 8.10.1976 relatif aux comptes annuels des entreprises, cités en exergue du chapitre Ier, section 3 de l'annexe à cet arrêté.

BIBLIOGRAPHIE

KEMP Patrick S, *La Comptabilité et le Management de l'Entreprise*, Paris, Publi-Union, 1971.

Principes Comptables, rapport d'un groupe de travail du C.B.N.C.R., Bruxelles, 1980.

Plan Comptable Général (français), Conseil National de la Comptabilité, 2ème édition, novembre 1982, Imprimerie Nationale

Bilan, lettre d'information sur la comptabilité et la gestion financière.

Loi du 17 juillet 1975 relative à la comptabilité et auxcomptes annuels des entreprises et arrêtés d'exécution (coordination des textes 12 septembre 1983 et 8 octobre 1976).

Bulletin de la Commission des normes comptables - septembre 1983.

Traité pratique des comptes annuels

Kluwer - Editions scientifiques et professionnelles Bruxelles, juin 1984.

VADE MECUM de l'Institut des Reviseurs d'Entreprises, Kluwer.

TABLE DES MATIERES